THIS BOOK BELONGS TO :

INSTRUCTIONS

In a word search game you have a grid full of letters and a list of words to find.

The words might be placed **FORWARD**, **BACKWARD**, **DIAGONAL**, **UPWARD** or **DOWNWARD** in the grid, adding an exciting twist to your search.

When you spot a word, just circle it and then happily cross it off your list. It's a great way to play with words and learn new ones to

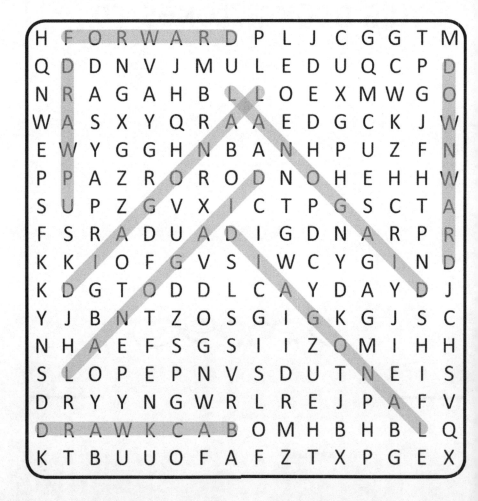

FLOWERS

#1

```
R T I E K X S I R I Y G U C R E
D Z Q W W B Y A S W J U K M U S
E P Q O U Z K W U C D A I S Y X
G E R A N I U M N C P A Y Z H U
N G Y E R A G J F R N F Z W K U
T G L E G J G Y L V M N I I P K
A X I X S P M F O L E L R E G N
O A L J R L C K W F B O T I G H
H T L A V E N D E R V U I F K K
P U A Y S P E I R F N N I J S P
X L G A J U S Z O I T E L O I V
E I W V A M O X A V J F G Q C L
G P V X K O R C H I D N A R L M
G J U X P N J L R R X Y T B U Q
Q J D S N F J X A X J Y N O E P
Z D A B E R C Q J G X O B F L V
```

DAISY

GERANIUM

IRIS

LAVENDER

LILY

ORCHID

PEONY

PETUNIA

ROSE

SUNFLOWER

TULIP

VIOLET

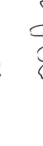

CAR

#2

```
T I S A P F B R Y P F G U E S L
N F Z L E E H W O B V A Z J J R
G N I R E E T S Z R M B B E P U
W I H E W P T F L A V R D N W X
I H B C B E R H V K P I O M P T
Y J Q L C B B O G E K A O N K N
Q D L E I H S D N I W P R U U E
E C Z C A R L H E W L Z C A F N
Q S A I E E B Y S L J D Y U E I
V D D R J P S O E J A W A V Q L
H S T Q X M W R A D U M V E O O
T V R I W U S R T X V R W V H S
L Z U A W B C M B C G F Y V T A
F E N F U J D A E I R G H S P G
V H K E R I T H L W J P X L A J
W V O M Y Y E S T P T N O X J I
```

AIRBAG
BRAKE
BUMPER
DOOR
GASOLINE
HEADLIGHT

SEATBELT
STEERING
TIRE
TRUNK
WHEEL
WINDSHIELD

JUNGLE

#3

```
X K D U C T E W L L R G K F A D
V E I F A Z Q Q Z M D E B R I E
W V P Y N L E Y F U L H V M K Q
C O O E O J C L W N Z B U I I S
L R X W P R T D B X D H Z Q R J
E G C U Y S U U K J C E R E T K
N N Q J N Q S F G Q Y Y Z S T W
A A C K H W I Y S W H R E Y H W
T M E Y E K N O M T E R W M R S
U G S D Z X E L C Y O R R L F D
G O K J Q R N Z K F Y A N A I L
N R T K S Y I Z N O Y T X X A Y
A F W U Y J V I B T O R R A P X
R V S L D U A H B A M B O O V T
O P X G J R V F F E A J L A D R
Q G Q U P G I A O S H T Z K I E
```

BAMBOO   MONKEY

CANOPY   ORANGUTAN

FROG   PARROT

HUMID   RAINFOREST

LIANA   RIVER

MANGROVE   VINE

ELECTRONICS

#4

```
M A Y Y F Q M W F D U H K P E P
O J U R W U R O S X I H N B T G
O K I O E N O H P T R A M S P W
S Z M R O Q M D R E K A E P S I
Y E X E T Y G I Z P P U W E H F
Q M I T T B W F N Y W N E J T I
G D D U R D X A F Q F B B C G R
M E U P U R I O O M F A Y H F J
F Z X M O O Z T Y T E L B A T I
R S E O Q N L R C E Z J V R G B
X Y G C E E E Z C Y B V B G Y U
Z X J L I T T C R H P J C E G N
K E B A T L P J B V R N Z R U S
R A R A J L P K R O B O T P E P
C P B G S E N O H P D A E H L P
B I K B W C O N S O L E F I J P
```

BATTERY   HEADPHONES
CABLE   ROBOT
CHARGER   SMARTPHONE
COMPUTER   SPEAKER
CONSOLE   TABLET
DRONE   WIFI

ROYALS

#5

```
R D W Q I P P S H E K U D F X E
W U U H N O B L E K P U E N E X
A U K C F M V B Z M M D A J R K
M C I X H R L D F B Z Q R L T M
K Z N N I E B V I E L L U B D U
O Y G Q F T S J S R G S B E Y S
Y E P P M N X S S I K T O U E N
P N H G V I L S E P Z W S P A N
D M O D G N I K C M G Q C M T S
J V P L N I D F N E F J Q E T L
I C O U R T K O I L A S C W N U
R M F L A R I L R K W A M H D C
V H C R A N O M P Z L M J Q L V
I X Q G P Q V A N A Y W R D U A
U D R O L K W B P V P B E O V W
N G E C Y F B R N Q Z V S X J N
```

COURT   LORD
DUCHESS   MONARCH
DUKE   NOBLE
EMPIRE   PALACE
KING   PRINCESS
KINGDOM   QUEEN

WILD CATS

#6

```
E A M D Y U D J I Y Y R Y I I X
H V K A S C Y V U F O M K U O L
R E H T N A P J V R E G I T E S
Z C Y L T R A G U O C U N M J S
P O H C L K M W U I O N R T D Z
F L A A J A G U A R C C O D X A
Z A P R E T B S D H P L I I U T
F K G A M D X N E P E L X Q L K
F H G C U W M E R C W O I J N M
T B B A K W T P O I S Y X A P P
G D T L Q A O J H W Q R M R F F
G V V X H F N W H V R F Q W P G
B O B C A T L W L S M G X U A V
F X A L L Y N X L V P H M Y B W
J G E Y S L K L W C O A V I S A
Q P C S X E Y D R A P O E L K Z
```

BOBCAT   LION
CARACAL   LYNX
CHEETAH   OCELOT
COUGAR   PANTHER
JAGUAR   PUMA
LEOPARD   TIGER

MUSIC

#1

```
V D U N J U E H O T P D T H B B
R F L U T E F M E R T D L I S C
W D B A N D K P H U G U M K F B
H J W T Y O I U D M R T M G Z G
O V E L I U T K F P R E G N I S
G W U V T Y X G R E N V L A Q G
O D P I J M C Z Y T W U H K F O
C L W O O R C H E S T R A Y K X
Z V X L P L B B M L Y R I C S F
T I J I R C H S E N X L S I S A
R B B N H M Y M D Z E M S P G Q
E E W Z H T E X T I I O X U P O
C M H A J L X Z J P P I I J P N
N A R V O V N V K A Y T J Q B A
O P J D I L Y R F B A M O N W I
C J Y O P K U J U R N W O T J P
```

BAND   MELODY

CONCERT   ORCHESTRA

FLUTE   PIANO

GUITAR   SINGER

HARP   TRUMPET

LYRICS   VIOLIN

HOBBIES

#8

```
P J P Y H K V J K H G L P I U W
T N A M Q W R W R U T E N T X H
X X I Y P B O N G G N W Y Y E B
X L N E M K Q N V B H V A L N F
B K T B A K I N G G G M K A A D
W L I L O T S E G N I T T I N K
K G N F A O A V X I J Q P G L O
W T G K V I O Y O G A W C A Y Q
X V S Y S Y E R E F Q Z M R O S
B O Z R S N P Z V F G Y F D B I
N G N I H C T A W D R I B E V N
N S L N H W L C E W Q P U N M G
A E P W P U Z Z L E S N J I X I
I M H P G N I W E S P U G N E N
G Y H P A R G O T O H P P G Q G
D R A W I N G U V O K F P E C G
```

BAKING   PHOTOGRAPHY
BIRDWATCHING   PUZZLES
DRAWING   SEWING
GARDENING   SINGING
KNITTING   SKATING
PAINTING   YOGA

HEROES

#9

```
B Y L W T R I U M P H W Q N H S
Z U Q E E K L R E D N E F E D L
S L B W V T F K E S X R S A X K
S Q S P A B B Z N R V W T Q F H
C Y Y E J I R T H T X V J U Q F
L E G E N D A J H B K Z R K D K
D M X U G T V R T S E U Q L Q L
B F T U K H E P H L X B E J Q S
G G J G U C S P P Q A K P U W I
R N O I P M A H C P Q T S S T R
J S F B H G H T E G O X M H K E
A P C K Q K R Z E Z S W X L L S
Y U J C M E D A L W L C E X B C
C Y V V Y C Y R O T C I V R E U
R O L A V S I V Q Z Q R H N U E
G S S E L R A E F W H U C X S U
```

BRAVE   POWER

CHAMPION   QUEST

DEFENDER   RESCUE

FEARLESS   TRIUMPH

LEGEND   VALOR

MEDAL   VICTORY

FAIRIES
10

```
N G S R Y E I X I P A S F G K L
Y L H W G I S D B D L V L J R X
E T P L D E T I R P S I I D O W
N U R N V F J I N V T S R S K P
C B V O S E V L E T I P Z O N C
H B S E X Z S L E W Q A C K O A
A D U X M H V R X O J R N O O O
N F V P V Y A K C Q X K V N Z A
T B M Y S T I C A L G L E J M L
E E J Q Q L H V Q Q H E D S U X
D L F K U R D Y M K X B K L E U
U K Y O P G D A Y S A T N A F U
Z N J M G E G I N M A E R D X U
J I F A R I G Z F B F J U H I Y
E T D F C M L A T S Y R C Z D Z
Q Z O D K Y B K V I A H S B U N
```

CRYSTAL	MAGIC
DREAM	MYSTICAL
ELVES	PIXIE
ENCHANTED	SPARKLE
FANTASY	SPRITE
GLITTER	TINKLE

SHOPPING

11

```
W H H T N T H G V J N H A P L F
Z N N E K H F L D Y O I K N V J
V X Q W H J A E Y G G U I O D E
H L U S S D Y U D I I K S P W A
W J D H P J U G Y F U Q C U E N
N U N M X N S S E R D S O O E S
T G A G S A F L K W V N A C S E
U L V X C K K X W E L N Q T U M
L O B N Q Q J R B C A B O M Y U
V W T K O A V V P I I R F U R F
E R Q E C P S L O R E O H P E R
B U P K M C Q E O P V W Z T C E
A T E X G X D E O L W N T A O P
B T B R F O R E V H F J R B R B
V J S P N R M N O U S T P D G Z
Z C F Z M E E B S A L E O A H J
```

CART   MALL
COUPON   PERFUME
DRESS   PRICE
GROCERY   SALE
JACKET   SHOES
JEANS   STORE

BABY ANIMALS

12

```
P H K V Q F K S S Y X R Q H J B
E L I K U B C D J P H C R C T J
B R T B L V I R D P L J I J H L
P L T N U V H G W U S Q P E F Y
E I E D S C C M N P P K J V F K
B V N L N T O V E I W D E F G D
U Q A D P H E S N M L O C E D J
L O S I J F C L M V Y S I R E B
F T K L H L X O O C D Y O R Z M
Q D I I E A S D G P T E L G I P
G N I L K C U D B K D L C Z L E
B L R L B C B F S I E A D J I V
L Q A T M H Z O V Z F V T N Q W
S T Z M N J G D J V T M K D Q I
G M Z Q B N W A F K W E U G X C
H V D C X D V W T C H Z G O X E
```

CALF	TADPOLE
CHICK	KITTEN
CUB	LAMB
DUCKLING	PIGLET
FAWN	PUPPY
FOAL	TADPOLE

CANDY

13

```
H X A L P O P I L L O L U P S U
E C I R O C I L H Z I N D M M Y
C D N U H W S M A R T I E S N J
G A A Y T E E W S L S O G Z E Y
J Y V V W A Q C B O A L V L Q L
W L Z A X I P P U J N Y L S W S
Q Z V K R D C R U M H Y B S O L
O S T A F F Y I N Y B E E C L Z
N Y H C N U R C J E Y P E K L S
N K J U V O T R A X P J F I A F
R I E P Y N X N Q W N S F I M F
S E Y C M A W L X O K D O K H M
L G U M M Y K L R G C K T L S L
O K O Z J W P D Q J M A O W R V
T Z W M N N P R G M L D B P A B
K H A R I B O T A J O T Y T M Y
```

CRUNCHY   MARSHMALLOW

GUMMY   SMARTIES

HARIBO   SOUR

JELLYBEAN   SWEET

LICORICE   TAFFY

LOLLIPOP   TOFFEE

STARS

14

```
Y C Y M U N I V E R S E P Q O P
E O I A S O J E C A P S K F C P
P N I R W I X R C Y J M I G C G
O S G C S R G Q D S A D H S A T
C T K V O O G B X H P U Y G A S
S E U G I X H L P S J I X A J U
E L T R E P P I D G I B K L X I
L L G W E S O K F I N N T A U R
E A Y A W Y K L I M E Z U X K I
T T Y B W C K P I K X U S Y I S
G I V T O S O A N D R O M E D A
Q O A Y Y I Z M K I A W W N L O
U N W Y P T C L E G V W Y G N R
Y T N R X X T A O T C G F E I O
S K V R W V K I H Z P Q L W C W
O X N G A S T R O N O M Y F W C
```

ANDROMEDA	MILKY WAY
ASTRONOMY	ORION
BIG DIPPER	SIRIUS
COMET	SPACE
CONSTELLATION	TELESCOPE
GALAXY	UNIVERSE

SCIENCE

15

```
U X J T E L E S C O P E N O C I
X J S V L V O H D M H T U O A I
R W V O J D Y F I R K J A T T R
F A U N A Q F C R I J S E V O I
B Q B F Y P R E E I Z L M X M I
G P O U X O A U W K S B O Y N L
U S Y C S E X P E R I M E N T A
F Y T C S L S K A I T O X M E C
A V O G L E L V L F Z O W H N I
V P L I J P L E A B X B C Y G M
E Z X H G J E Y B Y K D V X A E
X G S T N M C F G S Y Y N J M H
V F L O R A D E F O B K Q J E C
T Z X V N Q N H E E U M H M F N
Y G R E N E F K T H W R N A E U
A P I N Z F S C V E V K Y Y Y U
```

ATOM   FLORA

CELLS   LAB

CHEMICAL   MAGNET

ENERGY   MICROSCOPE

EXPERIMENT   OXYGEN

FAUNA   TELESCOPE

UNITED STATES

16

```
V I T G N O T S U O H E T R N H
G K H J A X J X B B W T V A O B
E G S B O R I W A K O D H T T K
Z W A P E H E Q Q N K F F N G B
N O Z V N K A S H S L I X A N O
T S N M E G V I M D N M R L I S
P E D G G F E V Y A Y Z J T H T
D L O S A N G E L E S R W A S O
E X X A J R Y E K D I Y B E A N
T L G I M A I M B R M Q Z V W W
Q U M Q K D R E P L O F V V N X
X A H D P H O E N I X Y O W M B
W H F M Y Y G G W T V U W P B O
W K U A Q D A L L A S A S E S A
L R B O G A C I H C Q V G J N Q
A U S T I N G R P M E J V Y N A
```

ATLANTA   HOUSTON

AUSTIN   LOS ANGELES

BOSTON   MIAMI

CHICAGO   NEW YORK

DALLAS   PHOENIX

DENVER   WASHINGTON

EGYPT

17

```
G  S  C  F  S  X  N  S  L  U  S  E  E  K  U  T
W  M  T  F  L  T  P  C  D  L  G  G  W  L  O  G
M  U  J  Z  M  H  E  U  T  G  N  C  N  I  R  N
I  M  Y  H  I  P  X  O  S  L  G  T  N  Y  I  A
P  M  O  N  Q  U  J  Z  V  K  Z  I  Y  B  A  U
G  Y  X  I  Y  Z  E  A  N  U  B  I  S  T  C  J
B  K  C  A  A  R  T  A  P  O  E  L  C  H  S  N
B  A  T  O  J  N  U  J  S  X  R  K  R  R  K  R
P  Y  R  A  M  I  D  V  V  U  S  W  M  R  D  I
P  V  Y  A  W  H  F  T  O  M  B  P  P  Y  K  R
T  J  F  E  C  T  G  S  L  S  H  T  A  K  J  G
Y  E  L  I  N  S  J  B  U  A  P  E  P  W  I  F
O  P  J  S  B  R  J  E  R  R  G  M  Y  M  Z  O
J  T  H  C  X  Q  B  A  N  V  S  P  R  U  O  V
I  E  N  J  R  Z  O  U  E  Y  E  L  U  W  O  C
L  T  Z  F  C  H  Y  M  F  G  W  E  S  K  U  G
```

ANUBIS   PHARAOH
CAIRO   PYRAMID
CLEOPATRA   SCARAB
MUMMY   SPHINX
NILE   TEMPLE
PAPYRUS   TOMB

FRUIT

18

```
R I Z C J K Y S D L T N I I J M
P L G H T S U B M F O Y Z K Q X
O G N A M A G P N B W H V B F H
E V B A N A N A M V P D F B W V
Q Y Y J G O C H L N Y N F I K Z
N R X A B W H C H A Q M I A L G
O R U A R S H I A Y K J G G U A
L E A D V E E G S A A R V N I E
E B H G R A P E F P F O M U J L
M W B R J C E E V A K A Z E T P
R A Y F D N P X D P S J H W F P
E R H X B J X T U L R I N M L A
T T X Q J G O N Z N F A O X O D
A S X X C E G N A R O W M R A C
W Q C K I E O V Y B B O E Z X Q
K P K K N F K I W I K T L G Y N
```

APPLE   LEMON

BANANA   MANGO

CHERRY   ORANGE

FIG   PAPAYA

GRAPE   STRAWBERRY

KIWI   WATERMELON

SHAPES

19

```
C N M U T O B Q H P O S U V J I
U L H Y H M F S W P H V H U Z G
B Q W T R I A N G L E P A G L N
E Y G Q I O L W H B P C E L I N
I C V R L H J E B Z Q T L E F J
C W E J G A X H Z T R Z X R B M
H V E D X A E J K P I Z J E W E
Q I F L G D X B V O E S R H A D
C I I O G D G A C K U N I P F N
M C N D K N I S L A U Z O S C J
U O X X F H A A W W F H X C H K
O G N N O F C T M K A M S Y E O
Q X X G G W R C C O C P F P A Z
H R C I R C L E D E N G X U R H
P S Q U A R E S Q M R D H C T Z
V D T Q S G C P E N T A G O N B
```

CIRCLE	OVAL
CONE	PENTAGON
CUBE	RECTANGLE
DIAMOND	SPHERE
HEART	SQUARE
HEXAGON	TRIANGLE

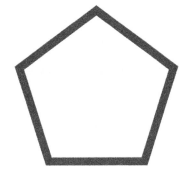

DOG BREEDS

20

```
G B O T U N Y N H C Z A V Q O E
J O T X K Z N G R N O A U M L J
H N D L R E T R I E V E R Q G E
J J X L I K G I R R W C D L F C
I H D A L Q M B E O P M T R P A
J P X B T U E W K T Q O B W U S
D R P R E J B A C T G K O Q M L
M H N A L G Q B O W Z T T D H V
T R X D G R L Z C E U S E T L L
G P L O A C Q J S I H R X W D E
U R Q R E Z E V A L U E S R P X
V I M W B Q Z G Z E S I J N S E
Z I G B L O A O X R K R T R F M
G U B L O G E V R N Y R X Y V O
P X C Y E I L L O C G E X D F A
A F C H I H U A H U A T P Q A V
```

BEAGLE

BULLDOG

CHIHUAHUA

COCKER

COLLIE

HUSKY

LABRADOR

POODLE

PUG

RETRIEVER

ROTTWEILER

TERRIER

ART

21

```
B O Y G W M W T D B D Z O K F R
O Q J P A Y S G F C U W F R P K
E F J A T O L T L D P Q W J O O
U L W I E S E P A C S D N A L O
D R Y N R C P O R T R A I T Z U
B E E T C S P P G D U W D Z S T
B X M P O V C Z M R Z V O K A X
E E H A L H Q U P A C L E S A E
H E S R O P O B L W K T D B J C
G R U Y R W A X N P C Y T K E I
A E R W A O F O S H T O Y S M W
L R B C F G I U Q Q P U F C C Q
L D U N L G A A P Y K L R P C T
E O E V C M H B D N N V G E T R
R A B S T R A C T T C A N V A S
Y A S J O P J D G J O D R Y N R
```

ABSTRACT   LANDSCAPE

BRUSH   PAINT

CANVAS   PORTRAIT

DRAW   SCULPTURE

EASEL   SKETCH

GALLERY   WATERCOLOR

CIVILIZATIONS
22

```
R A G B Z W A K E V K E Y F S S
E G U I L Z J B S T K B L H Y X
S E E O C K H E E Q R D M A V B
L G X X Q Q C S N S O F V I Z G
S Y V C E M J E A Q H Z J M B M
C P I Q Z U N N P T R O M A N S
N T K U H U F I A X K Q X T V A
B I I S T E S H J I K B N O H F
O A N N V O D C N F K Z S P F G
M N G A I E B F C J Z K W O I C
A S S T S N A I S R E P R S I L
Y R P R U Y D Z T E T O G E Y U
A C P A R N E F R G H S A M W P
N A N P J C Q G G P G E V B E J
S V S S O I N C A S K N K J J W
M Z U R F Q A E A Z T E C S D T
```

AZTECS   MAYANS
CHINESE   MESOPOTAMIA
EGYPTIANS   PERSIANS
GREEKS   ROMANS
INCAS   SPARTANS
JAPANESE   VIKINGS

COOKING

23

```
E C Z L D K I L U Y S U J D V F
C F T S L I P E B K U E A F J V
J D K K S H F J P M F E W D N S
L Q E T I G O I D Q N S W I E F
N A I T J Y K L I K D I C L F E
U R N K A H P I D O W J H L O G
L Z V I O N C O Y U B U O I P A
Y F V O D Q I B H S I K P R G X
K D S N W C Y R Z Y B S U G Q E
B Q S M K D G P A E H I I N M E
V E N I F D R E S M V H K C H K
N C W C N J E Q O U U W W Q O A
H A R E X X I K Z S E A S O N B
L P L L B E X I M C F R Y Z J S
S B H Q J A Q P C V T S Y W J P
L L H A X Z D N B H U S R O C Z
```

BAKE   KNEAD

BLEND   MARINATE

BOIL   MIX

CHOP   SEASON

FRY   STIR

GRILL   WHISK

INVENTORS
24

```
W G M A F D S M M S C R Q D K Z
M K L R R B W G W C Y I R A I P
L D A C C S X N T H G I R W X W
B R F H T E G A L I L E O X P G
J V Z I W N I Q I W D C J H A V
C S U M O F Y N F N R P J W M M
W W F E F P J I S W O W P M I R
C M U D N W Z C F T F D Y Z T O
E E I E J Z B N B D E P P R U T
K Z G S J Z H I Y F Z I O X A I
N O S I D E T V P A O D N H O V
N O T W E N B A P I R F G I C K
L H L E B O N D K I N O C R A M
M L I N T E D N R X E R M I A H
R P E T L D B G B F Q Q Y Y D C
S P P B L G P C C X C A L S E T
```

ARCHIMEDES   GALILEO
BELL   MARCONI
DA VINCI   NEWTON
EDISON   NOBEL
EINSTEIN   TESLA
FORD   WRIGHT

PREHISTORY

25

```
O C T C A F I T R A R L T I D P
U R E R E H T A G E B P N C I S
G M V F N F M I T W C A K E N A
M Z A C H Y G N T D J L F Z O N
N E I M L R U M R C E E F C S T
Y O G B M H N T Y L U O C A A T
C J H A U O H Y N X D L I V U M
M G D H L M T V G G K I S E R K
T R I B E I O H Q M X T O P D S
E G A E N O T S I R K H C A S D
S U R C V C X H V T U I M I Z L
P P R K F K K S H X R C Y N T R
E P N E A N D E R T H A L T G X
A W D M K J Z L Z V K O S I E F
R A B V Q O E T U K H F J N S D
G G C G D I X V O J R X S G I Z
```

ARTIFACT
CAVE PAINTING
DINOSAUR
GATHERER
HUNTER
MAMMOTH

MEGALITH
NEANDERTHAL
PALEOLITHIC
SPEAR
STONE AGE
TRIBE

BREAKFAST

26

```
H R C V H J S D U I T M R A W K
U Y G P Z J E O K E V D Z F R C
M K F I Z E I A L A E R E C B I
P H G P F Y J T L L R B R U P S
M B R F L G L M M S Q B T X P V
L A O X E E V E N O R T I R Y L
Y C O D G G I A V D E F S F O J
Y O B A M Q N L T R Z A J V T O
O N B Z Y G B S S K T T M T Y B
G U E U I U H N A Q D U S W R L
U J U I C E S W O L F V K B G A
R N Y G T F S U T E A P J N F H
T T U S Y N D C O O U C A B R A
K I K F D H M W P W T P M N Y N
P X F B A N W V Q V W L K S Y L
E S E E H C Q R E L F F A W W Q
```

BACON	JAM
BAGEL	JUICE
BUTTER	OATMEAL
CEREAL	TOAST
CHEESE	WAFFLE
COFFEE	YOGURT

PETS

27

```
H A M S T E R Z U L G U Y X E H
R C Y C P E I G U I R R L S V V
W H U D G B S S O C C A M C U V
D I G L L I M I J D A X B X A H
N N X E K X P Q W R J T G B H T
A C T P S U D A E R T T F S I G
T H W H W X I O E X Q I L C C T
P I L K M A P G R N S L T W Z G
S L B A S Y M G N H I H L X N V
N L D L V Q O Y M U E U A K C F
Q A C X W D U B I R X Q G O P T
K E C Z T W S G O L D F I S H U
Q K B R K G E C J C O P P S S R
C A V W B P R A E I L I T U I T
Q N P Z T E R R E F M H Y R Q L
A S R X V O V A B O N X C W Y E
```

CAT

CHINCHILLA

DOG

FERRET

FISH

GOLDFISH

GUINEA PIG

HAMSTER

MOUSE

RABBIT

SNAKE

TURTLE

HUMAN BODY

28

```
B W S K S Q S W I R U L Q D C S
H F J F T S E C R R Y X U F R M
M M K G K T W X T Q R W H E A D
C U W R H O H P P X G P Z P C G
H T K U B T T N O M U S C L E X
C P V L G R U T I V V A T A N D
D K E B Q V O R S A O V P P L M
Y N N Z N U M C R L R O G E B V
H E O Z G A Y Q I Z G B M F G S
N E S E N U E R C U Q B N Z G T
X E E O U F U E V K A C W C J O
M L N J L O U E G F I N G E R M
Y T G A R O I A Z J J L Y I G A
T B T U F T G A D S W C C D V C
F D K O R P R Z K C M E Q J J H
D L W B A M Q G H R P I A A P J
```

ARM	KNEE
BRAIN	LUNG
ELBOW	MOUTH
FINGER	MUSCLE
FOOT	NOSE
HEAD	STOMACH

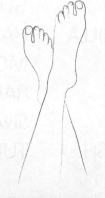

SCHOOL
29

```
X O T E A C H E R J Z D L X B O
X Q V H R Y W B Y N X I Q L L W
F V L M W Y A C P Y C P H P Y S
G N K Q P C A Q W N N C O V W O
F Z L V K H O M E P X L M A I R
P X W P C O X P K J Q A E B X S
H A A G N I D A E R D S W M N X
R C P G Z C I E Z U U S O R N J
K G U E C N I O O B U R R S Z T
O T F J R O V K W O D O K L J R
H K N R E S A R E R G O O Y S K
I L U E R P K Q J R X M Y B A W
I T A E D B D R A O B K L A H C
U H H L C U S C O L M D G M H U
H S F G N I T I R W B P G K K E
W W V A Z Q A S M V B O O K T G
```

BACKPACK   PAPER
BOOK   PENCIL
CHALKBOARD   READING
CLASSROOM   STUDENT
ERASER   TEACHER
HOMEWORK   WRITING

CHINA

30

```
F W G A N P B V C R O E N B R J
B Z V H W B L M W B J S B U H R
U E M Z H Z V A C I N Q T K M O
I K I I I W P S H A N G H A I A
B A V J H W A V P Z I U A A C K
N B S E I L L A W T A E R G C
L E R A K N O K F D A U D C A M
E X H Y R L G T X P F O S M D K
N I R A D N A M U M Y I G Y P U
L O R J F F I N Q S B P P F B N
U K F P Q F S D D U M P L I N G
E C M R P L I A F Z M T G M J F
P B W F Y Y L H W M E N E X V U
R B H F E P K C T D I E Q A P R
V R I C E H A R G L A N T E R N
R G L A D N A P D E W D S K A O
```

BEIJING	MANDARIN
DUMPLING	PANDA
GREAT WALL	RICE
KUNG FU	SHANGHAI
LANTERN	SILK
LOTUS	TEA

GARDENING

31

```
W  I  I  L  E  Q  X  B  R  D  Y  K  J  F  E  Z
T  W  C  W  S  W  I  M  R  S  X  T  O  P  P  Q
I  X  E  K  A  R  I  O  P  D  N  S  T  K  T  I
X  L  E  S  O  H  B  S  U  N  L  I  G  H  T  N
N  C  G  L  B  O  F  L  O  W  E  R  I  K  X  N
H  F  G  Z  T  N  Z  K  L  A  J  F  D  T  J  F
K  W  T  Y  U  D  D  P  Q  I  Q  M  U  D  E  A
C  C  R  C  O  B  A  F  M  S  U  K  G  Z  L  O
B  R  E  Z  I  L  I  T  R  E  F  K  B  I  L  D
R  Z  E  D  V  S  A  S  H  Q  N  K  O  R  F  H
O  O  L  S  H  R  U  B  X  O  T  S  V  G  P  J
R  L  Y  I  A  D  P  X  O  I  N  P  E  M  S  I
T  V  C  J  E  P  U  K  Z  B  N  X  J  E  F  M
P  X  V  E  I  M  F  L  E  V  O  H  S  Q  V  E
V  W  S  R  P  L  A  N  T  F  P  V  H  S  R  D
N  G  M  J  Y  C  P  F  C  O  J  F  A  C  L  R
```

FERTILIZER	SEED
FLOWER	SHOVEL
HOSE	SHRUB
PLANT	SOIL
POT	SUNLIGHT
RAKE	TREE

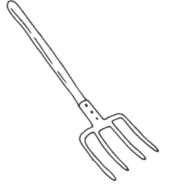

MAGIC

32

```
E N L L E I D A V K B C A G O S
D D U R C V C N I O G H V W A J
K T R S V T T X D H K D S I G K
C R D R N R E R E C R O S T M Q
D I S A K O N N I D V V Y C R N
R C P A S R I P K J I X W H F N
A K F R E C P T H Y V D N A W Z
Z H D C H A R M O U B B M O L N
I Q B Q T F M D H P L N B U J O
W C D P A M U L E T S Q N E Z I
Y K Z N J Q T Z U Z H A M G O S
A R O S S A W N O R D L U A C U
Z P W T W N Q A K M N P H J G L
U R Z M B O Q Q M Z W I Y B S L
L M N Q O Q M X T E S R U C E I
R T U S P E L L F U I Q Y U I D
```

AMULET	SORCERER
CAULDRON	SPELL
CHARM	TRICK
CURSE	WAND
ILLUSION	WITCH
POTIONS	WIZARD

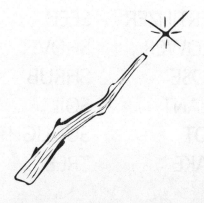

MOUNTAINS
33

```
Y  P  Z  T  H  Z  K  O  Z  F  A  A  E  Z  U  J
G  L  A  C  I  E  R  L  P  D  A  Y  O  F  N  X
D  F  I  E  P  L  A  T  E  A  U  P  U  G  F  E
K  N  C  J  S  W  D  I  O  V  E  J  U  Z  B  S
K  O  Z  S  J  H  Z  F  S  A  I  U  M  H  E  Y
P  R  V  A  Z  I  V  M  K  F  L  O  R  O  A  E
Z  A  A  Q  Y  M  W  T  A  L  P  S  I  T  S  U
F  J  L  M  B  A  S  E  C  A  M  P  H  V  Q  I
H  N  L  N  R  L  D  R  G  W  D  M  Y  Y  C  O
V  A  E  I  Q  A  M  V  T  T  F  X  R  O  F  I
X  M  Y  S  C  Y  Q  C  Y  A  G  H  J  F  G  P
Z  I  S  H  S  A  M  J  N  U  D  I  V  I  M  K
V  L  P  E  N  S  E  D  I  X  V  K  K  Y  F  A
U  I  V  H  Q  H  E  Z  E  V  E  R  E  S  T  J
B  K  M  J  H  S  A  D  C  B  M  I  L  C  C  D
H  G  X  U  O  N  H  P  K  W  F  D  K  J  M  E
```

ALPS	GLACIER
ANDES	HIMALAYAS
BASECAMP	KILIMANJARO
CLIMB	PEAK
EVEREST	PLATEAU
FUJI	VALLEY

AUTUMN

34

```
P U M P K I N V A R L M V N Y C
O A B A F K R Y L U N K V I N K
E A L Y M S E O E I E U L T E H
J T R S R F B G Y M E E S P H A
I T H C Y K O V Z I W W P I W R
I S I A Y T T S A C O R N Q I V
R D E R L A C S R A L L Y Q N E
E M N E S I O H B V L Z C Z D S
B J E C E C P P W I A E P S Y T
M K U R P O H N Y O H F T W D G
E R Z O T R V I R W F H V E K Z
V S Y W E D P P L O A Q G A M M
O S G D M S M N J L C X Y T E Y
N O U D B S A F U Y Y B R E Z W
R A S P E Y E D J I U S B R H A
Z E H Z R S D D L G D K E B N Z
```

ACORN　　　　OCTOBER
CHILLY　　　　PUMPKIN
CORN　　　　 SCARECROW
HALLOWEEN　 SEPTEMBER
HARVEST　　　SWEATER
NOVEMBER　　WINDY

SPICES

35

```
J Z D T N I M U C Y Q Q A O A D
S J Y T O R E G A N O K X X A S
G E M T U N P X R E P P E P C L
X O V R X S I A K E R G R E V M
J I K U T H L H P N X T G Z B X
X C S H T N I F J R O B S R T Q
R I S K Y F H D T D I I R Y N J
P L E Y D B C B V F E K K R P I
O R N O M A N N I C C K A O Q C
B A Q F R I S T K R G H N S A T
E G E J I X J C B D W T C E O E
C H X M M A K E P A I I S M E D
M L U U Y I R W S H S C P A P Q
Y W Z I X H K N S R J I S R C X
O J X K Z S T M D W T K L Y F E
S A F F R O N C G C M S L M E A
```

BASIL

CHILI

CINNAMON

CUMIN

GARLIC

NUTMEG

OREGANO

PAPRIKA

PEPPER

ROSEMARY

SAFFRON

THYME

SUBJECTS

36

```
Y G E O G R A P H Y Q Q I C F Q
Z H E N G L I S H J G J L H Q S
J Z Y Q L S T N F L J V O E O N
G T G S K W X N J U E S K M P M
D Z S Q Z Y Y X F R I R Y I H S
M P Y T K R R W A H Y J R S Y K
B R E A D I N G O G U V O T S A
N V G I B I O L O G Y X T R I U
E B B B I E T L K M A E S Y C Y
K R G C B A O I X P Q X I F S H
P P D I L H X X G K Y Z H B T Z
A T R I C K L I G T Z H M A J B
N R A Y H C H N J B L M M L U N
R A S B U O S C I E N C E S Y Z
B P K O R S F B Y G O A A O U K
C Y K Y H P O S O L I H P M M L
```

ART   MATH
BIOLOGY   PHILOSOPHY
CHEMISTRY   PHYSICS
ENGLISH   PSYCHOLOGY
GEOGRAPHY   READING
HISTORY   SCIENCE

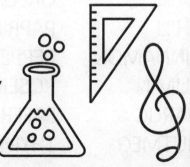

TOOLS

37

```
H S A N D P A P E R O L W I Z T
B Q Y I X O X F Z O L X M K R S
G G K N V T J P A I B A X F E B
J O U T I B S M R D P G W V N S
E T S C R E W D R I V E R H G Z
R R Y O X E U C P I N G A B P F
A U J Z Q D Q Z U Q X M Z S S J
T P L M A I T A F Z M A O N Y W
P O I E C M Q L M E N X F V O R
K Z X Q R A Y G R R B U A L S E
H C L C H I S E L W E J G L J N
S Y B D C U Q S K Z S D J I Y C
U Q S R E I L P O Q A M D J X H
R T Q T C X T W I V T Y A A N Z
B H A N V I L M Q W A T G F L S
C H Q V A O J G H L E W O R T A
```

ANVIL	PLIERS
BRUSH	RULER
CHISEL	SANDPAPER
DRILL	SCREWDRIVER
HAMMER	TROWEL
LADDER	WRENCH

EUROPE

38

```
L N I X R D N A L R E Z T I W S
V J P C Q K T Z S B V Z U L L V
S P A I N M L A G U T R O P F J
Q B V B X O H H M G N Y C M R Q
H X E Y V D G N O R W A Y R A T
X J V L V G O Y N A M R E G N Y
K E H G G N X S E U A T U I C Z
U O V V B I P M O N O B B Q E N
E K U D J K U T H J S B C I D M
G R Q K V D Z M O E D X K G N N
F V L H N E A G S X J Y U B A G
I S S A J T N O N W A Z D K L D
D Y A R Q I E Y W X V J U I O Y
S W E D E N P V E C E E R G P V
H L H N L U D Y L A T I D Q U W
R Z E Z J H X X Y G M I X V H W
```

BELGIUM POLAND
FRANCE PORTUGAL
GERMANY SPAIN
GREECE SWEDEN
ITALY SWITZERLAND
NORWAY UNITED KINGDOM

NUTS

39

```
K T L Z B N E V Z W T P E P B T
L N O A S C O C O N U T T B M U
Q P E A N U T C T W A L N U T N
E Y Y B Y B O F Z G U A M L O L
U N O I H C A T S I P I N Z M E
S W S J Q N U X X C L M X A Y Z
S D O D L P Y L H D R A E Z U A
Q T D R O W I E O B Y D J D J H
Q Y W T E D S N J J K A N U D G
M W Y H R T N O E U G C H S N A
Z R S N N L Z M Y N T A I S O G
L A T U W A O D D Z U M L S M S
C M T G A T W J T J N T D W L R
S L L H H L E D Q Y A A T S A N
S C H O K Y M P E C A N V P X D
M Y J U G T U N L I Z A R B V G
```

ALMOND   MACADAMIA

BRAZIL NUT   PEANUT

CASHEW   PECAN

CHESTNUT   PINE NUT

COCONUT   PISTACHIO

HAZELNUT   WALNUT

INSECTS

40

```
R G R G P H P Y P M D F L K K A
R U E C N Y J L U D A L O P S N
A B D H Q N B F A B J D W N U R
K Y I I M E C R P V P L N F Y W
P D P Q E E K E A M T S M J L N
P A S T N X S T W V D Y A E F N
L L L O N Y G T Z E X I H W N N
V E X T S M V U X Y V U C D O A
I E Z L U N I B W E K F A N G F
B M G V X F P K L H B Q O X A G
S R G C Y P L P O H C L R O R Y
F I Y V B J R P V C S I K M D H
R A L L I P R E T A C Q C X B B
D N B O T I U Q S O M W O M E W
E G T E R M I T E E C R C R E D
I B S W C R E P P O H S S A R G
```

BEE
BEETLE
BUTTERFLY
DRAGONFLY
LADYBUG
MOSQUITO

SPIDER
TERMITE
WASP
COCKROACH
GRASSHOPPER
CATERPILLAR

VEGETABLES

41

```
F I L O C C O R B A L L Z U U A
I K T O L B F M K B I E Q C R H
S P P F M G U E F N H T R K E Q
N O H V D S N Q I J D T D Z W D
S T B O H Q H H T J X U G E O H
S A H R O R C O X C D C Z H L I
K T O F P C U J Z P N E F A F K
S O Z H U X T O M A T O H L I N
M C T Z K B Y A M M C K N Q L E
A L C S P I N A C H U E B H U F
U T M G Q O H P L C C Y P X A E
W P T X N P W S V E U Q B Q C Z
Q H H I J Z M F V U M C I R W Z
J X O R Z E U C G S B F Q H H N
M N M F V D R Q G P E P P E R V
C A R R O T S T N Q R N Z A N W
```

BROCCOLI   ONION

CARROT   PEPPER

CAULIFLOWER   POTATO

CUCUMBER   SPINACH

LETTUCE   TOMATO

MUSHROOM   ZUCCHINI

PLANETS

42

```
K D Q R A J Q U S J F B W K I L
U O P T S C U N I V E R S E J B
X A Z E Y O G Z F S R W D Q L J
L W G L G R A H S T D O R B I T
B M G T W V M R E N U T P E N H
H R E J U U D J S S S T S Y V T
W Z Z R F S U P B P S U C T O R
K S N X C P K X A S A N N C D A
E C U P I U P B Z I U Q G E A E
Y K C T K N R V Y X A L A G V F
K G E M R Z S Y E A W E Z B C R
B R C U J R Y G J H S G Q P W Y
L U T Q G L B I I S R A M C M Y
G A F R Y C C H D A V G J H R H
S K D Z F U Z T K S U N A R U G
G U S H K K J I V R D M Q M M J
```

EARTH   NEPTUNE
GALAXY   ORBIT
JUPITER   SATURN
MARS   UNIVERSE
MERCURY   URANUS
NASA   VENUS

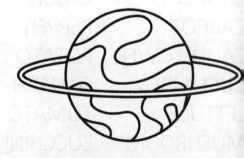

OLYMPIC SPORTS

43

```
N A I V T Z Y R E H C R A V A Z
Q G S U N A S C N B M Y O M N E
H N C N D Z B N H D H L N D O G
T I I L Q H U L T Z L K U H T T
Y L T L I Y A D E E L C Z F N A
L I E A C C H Y Y T B R X K I Y
K A L B H O N B Q R E D Y J M H
U S H T C T A N W N B N P L D G
J L T E X L V Z J L T I N U A N
W X A K L A Z O I I H A B I B I
Q Q A S Z V B O X I N G Y B S T
K H F A E S C I T S A N M Y G O
X O B B D U S K O U R X K Z M O
X C G N I W O R F B R V Q D N H
G N I C N E F K A T G Y U T M S
C W N L V Z N S L Z K G D Z Q R
```

ARCHERY
ATHLETICS
BADMINTON
BASKETBALL
BOXING
FENCING

GYMNASTICS
ROWING
SAILING
SHOOTING
TABLE TENNIS
VOLLEYBALL

SUBMARINE

44

```
P N Z R E T A W R E D N U Q F S
A W Q M L R Y G L V C E J T T P
Q N K R B C Z M W P H G N Q M G
R P C G Q O I N A E C O S J R C
A V W H W M G T M T O R P E D O
N T Y L O X J B A T G I K U O W
O N C O Y R S J E U H G F W K E
S C Y R H E D S X A Q F D H X R
K E B V M E I E A E Z A X Z C C
E L S Y P R O A A N R Q H X X L
S A G T F B Q L X I A M I A D H
V D H Y Q J S I P G P S D N I R
M X H I K G R F N N K R A N V L
H U C Q O X J E X E Z W E W E F
I E P O C S I R E P U X N O D R
L T Z S J U K W Y F H K G U R M
```

ANCHOR	OCEAN
AQUATIC	PERISCOPE
CREW	SEALIFE
DEPTH	SONAR
DIVE	TORPEDO
ENGINE	UNDERWATER

EASTER

45

```
H C B E F H G N I R P S F M R X
O Z J G S X H S Y K P V E A O Q
L B F G U Q K O G O U F D Y T R
I U Z A N B I C Q T C G F R V E
D N T V D R T F L R W U X G X E
A N T N A N A E B Y L L E J F V
Y Y G G Y R P H V A T Y H S M H
F F T M B T G U M H B L F U N S
M B O E C D C H C R U H C B A P
D N O M K S J D H K H N Z Y F I
C S Z N O S W X Q I C A N D Y L
Q S U A N C A H G M A H G U I F
K V M P E E F B K B P G Y R Y N
V Y L I L I T W M M L B P E Z I
B T O F U K O X S R Z A M N P B
D T X Z L L E E H J O V W Q O T
```

APRIL	EGG
BASKET	HOLIDAY
BONNET	JELLYBEAN
BUNNY	LILY
CANDY	SPRING
CHURCH	SUNDAY

ROBOTICS
46

```
T H H E D H D N C S L M W T D Z
I I Q G A Y W I N G N A M N E R
I U U J W O T N T G P R A Q T A
V J N C H B V K G W R G C A S E
F L H B R L N D L O D O H Q C G
F H X Y U I Z K T U V R I L V K
X E Q G O Q C O L C E P N T G J
R S T O Z O M L B U Z S E V M L
O F U L B P W T D G R T V H D E
S R M O N E D O C H I P L B Z J
N L V N R E M O T E F H U F D L
E S I H F R E L L O R T N O C Y
S M W C B T W O V S Z N J S W X
F R U E I X H D O N X Y D K U Y
E H I T P A R T I F I C I A L O
Q W D X B F Q F G I U I Y E N D
```

ARTIFICIAL   MACHINE

CHIP   MOTOR

CIRCUIT   PROGRAM

CODE   REMOTE

CONTROLLER   SENSOR

GEAR   TECHNOLOGY

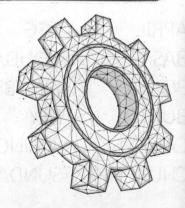

VOLCANOES

47

```
I N A U J Z C T A N K L Z J F L
F D T L F L H P M A G M A T N S
O G C I T E Q Z F R N G Y E O T
T G O K Z Q Q U I E I V S N Y F
B E L Y W Y M G A T W J O O F A
L J M F Q A F C P A B R D I R S
A K Y M R F A N E R A M L T D H
V L L O W V Q Q Q C U T O P I I
A K L S N E L E H T S A X U W Q
W E U D B N M U T M Q W X R Y G
D H I I L T O I R N K M S E K T
W O N B Q T E C T O N I C T I J
N Y U M H Z G A B T U L W N J P
T G W Q J N I E F G H K Y A U Q
F Z T O Y G O L O E G J B O F L
X S P G C R F O I S R W Z L T M
```

ASH   GEOLOGY
CRATER   LAVA
ERUPTION   MAGMA
ETNA   ST. HELENS
FUJI   TECTONIC
FUMAROLE   VENT

```
R Y J V U S I F J R B R A Z I L
G J X Z J X T F L U E A I U V J
K I Z G L W R C F M T E P E R U
C R C F Q A R A M I N O K E M R
X O N F H I E D R R A L A S K A
H B H B A B B A Z S P D P D N L
V K E R K M V N A S S O X L T A
R I N V L U J A R R T A O P L N
D T L Q C L Q C G B A N S E R A
A Q F E Q O Q F E E P W R U M C
O B K Z W C G G N I X K O E O A
O C U X O Q N B T O M X X Y V M
D H L C B A F J I S P I T G X A
E I P U T J Q V N R C G R U E N
O L E S F X H P A O P R T D U A
W E B T N O Y N A C D N A R G P
```

ALASKA	CUBA
ARGENTINA	GRAND CANYON
BRAZIL	MEXICO
CANADA	PANAMA CANAL
CHILE	PERU
COLUMBIA	USA

SAFARI

49

```
B M S W Z A C M O P S M E D V A
F B D T N A N T E L O P E Y W N
Z W M E J F L H K W S V E N K N
A F Y N J U O H I E P M L Z O A
U H F V I L G U I P T S I K B V
T G U U A X D X E D P V D R R A
E B Q F N A E P F Q S O O Y E S
V C F E Y H L E F A F V C A A N
X U F K Y Z L F A A O Z O E A L
B O W I V R E Q R V X R R V B R
I B U P J K Z J I K W Y C A F V
P Z R K O W A B G F R H R R H X
Z U K V O C G T F U I H E B P R
K T Q V A O U H E F I J Y E E A
F Z I M T Z S A T N Y H L Z E E
T N A H P E L E O K A L D F J P
```

ANTELOPE   HIPPO

BUFFALO   HYENA

CROCODILE   JEEP

ELEPHANT   RHINO

GAZELLE   SAVANNA

GIRAFFE   ZEBRA

MATH

50

```
F N O R B D J J E J H T Z G N J
B T R F R P W T S N J P O E X V
I H U Y Z K E N D N R W J O G R
P E P P D S H O M E H Z M M Y E
D T M A Y F J J D I V I D E E B
L K N T C A R T B U S U K T W M
R R E U S R T T S A D D M R X U
S R G Z O P N D Z J N R B Y W N
D Y I D V C I D V Z Z Q C B O M
D L E G P E R C E N T G E T O W
N P Y X F R A C T I O N R J P Y
D I Q P D M P X N E F U A A P Y
M T W Q N X H I S M Q T R Z P W
W L R C N D M U S X H B R C X H
Y U W F A R B E G L A J P P A O
F M Q S C G G M L S F M A V J F
```

ADD	GRAPH
ALGEBRA	MULTIPLY
COUNT	NUMBER
DIVIDE	NUMBER
DIVIDE	PERCENT
FRACTION	SUBTRACT
GEOMETRY	SUM

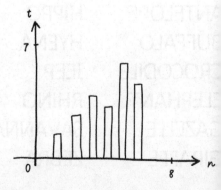

CHRISTMAS
51

```
G S X S P X T L V L P O C K R V
F X T M G W Z A U Q P Y W N H D
V T W J J S M T Z K K O U E W G
E A O R N A M E N T H W L Q U Y
O O Y S L M R S W T P R T Y U Y
B U T C A R O L N Z A E Y P U T
E H K E N W R B T S V A V A J W
S G P D L Z L G W D H T K D A X
N U X A V T M F P M M H V Z J R
O B F L O I S T H G I L H N H P
W K G L K O T I N P E L F U J Y
M J T W U Z E S M J S A T N A S
A J I N G L E C R J S W R Z N I
N X U G H W J T N E S E R P T U
G A T G G E Q G N I K C O T S Y
N A X Z I S H W Q B S L E I G H
```

CAROL   PRESENT
ELF   SANTA
INGLE   SLEIGH
IGHTS   SNOWMAN
MISTLETOE   STOCKING
ORNAMENT   WREATH

CONSTRUCTION
52

```
O X H W Y A F M U T Y O S D P E
Q N R T N E M E C P C U E N R V
I D R G M D W B L U E P R I N T
I E G X B P F O R K L I F T A U
Q X N S Q U H S C W G N Y B E E
P C I X K K L M W C C V I C G N
I A D D C N C L E C V U R R J G
P V L W I N P C D W T E A A J I
E A I Y R F L E T O P B J N Z B
I T U P B I C Q U A Z J F E O F
A O B V H B J X R V Y E N I C X
H R S S W H O C C U V S R O V R
A H U P V A S T P L U M B I N G
S F L F I Y O O S C A F F O L D
I D R R K O J L D X K W Y L N D
B A Z S N E C R C T O N O E D Q
```

BLUEPRINT   EXCAVATOR

BRICK   FORKLIFT

BUILDING   PIPE

BULLDOZER   PLUMBING

CEMENT   SCAFFOLD

CRANE   SKYSCRAPER

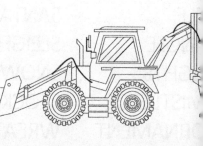

CIRCUS

53

```
C M Q L Z B Z A V J T M J I T E
E C N A M R O F R E P W N R U D
P A D E C B V I P S Z J N V P H
E W U N T D A N O O L L A B K O
L K Y D Y O H E A V I M K E O O
K X J Q I D P A R A D E I J X P
Z N E G S E H V G M L A P F C T
I T L Z U U N X N D R D D F T R
F E G Y R S V C Z D Q J K R A A
Y L G Z G U H N E C W C J E B P
A C U D Z R A T U F U I Q G O E
I Y J J Q U E E O S U L K I R Z
K C V X S K V H G H H O D T C E
Z I G P C Q C M R L H O D O A J
V N B I L N B Q F X V Q W Z A O
Q U T B O Z N N I R Q A X N Y J
```

ACROBAT   PERFORMANCE
AUDIENCE   SHOW
BALLOON   TICKET
HOOP   TIGER
JUGGLE   TRAPEZE
PARADE   UNICYCLE

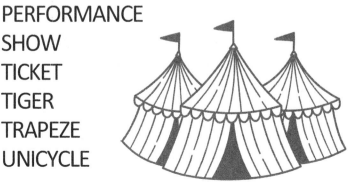

ADJECTIVE

54

```
O S H O R T N C U T H C T O T E
I Z L L T T W W S L U O B V S M
L B R U H E F L E I E F D I O J
M U K A X Z O W E D P A F R Z N
S U T X O W S Z D X G S B T K M
S U H O C A P M J O E T C R A W
H T P V P O L I A U A F A S R C
M B O A E E K H A L V D P N X D
U I A G Q Z G B N Z L T X H Y U
Q P P C R H Q E O Q U N Q M W O
K J R I B L Z O P U U L E U F L
J A S L R N R I G I B X Z G J I
J X L V I K S Z L E M Y P P A H
B A Z G G H T O S T S A P L T D
T U G D H T K A W T P S Z U Q H
B Y T P T Y D E K L O G E A H W
```

BIG	QUIET
BRIGHT	SAD
DARK	SHORT
FAST	SLOW
HAPPY	SMALL
LOUD	TALL

FESTIVALS

55

```
U C C I S P X D U V D G G C C X
S P I R Y S A M L J D T C H S E
B K V S V Q P L J E M S O P T S
K Z S Q U F B L C E N A S A I L
B L T A S M A O F T R E T Y W B
S Q X K M P R V E A O F U C X L
S N V H N A T L Q R C W M F H A
M D D F T U G L L B B Q E S Q V
C O W I O P G K V E Q F R K D I
T D O O I R W N A L D X D R S N
Z N D M R U M B G E M X P O B R
D N A H K C T U N C W U D W P A
Q J B A N N E R S G Y C B E F C
Y A D I L O H E R B U F F R H P
P E G H D A N C E O V X I I K I
V E D A B M G O U S N O B F M S
```

BANNERS	DECORATION
CARNIVAL	FEAST
CELEBRATE	FIREWORKS
COSTUME	HOLIDAY
CROWDS	MASKS
DANCE	MUSIC

PHOTOGRAPHY
56

```
V Y T F W S U X T H F V W Q S P
B M I M K R J G I W O Y O A F H
Z Y C V L Q C O A V F O D H S O
V D F F B T Q P R Z F H A W M T
G K O N J E Z Z T T U S H G Z O
K J U T W Y O H R T I F S H J O
O D H J C M M A O K J G C S Z E
C U W C P A X B P C D R F A F M
Q C L M P R P I C T U R E L T A
R A Q B R O D R Q N O X R F H R
V M X F D X M S M P O L O U T F
A E L A N D S C A P E W U Y Q W
H R P H H Q T M T S V F Q Y Y W
P A Z K F I O E C Z J L I G H T
O L E N S O W T F O U O H K N Q
G F H U Z F O C U S J F U P Q D
```

CAMERA	LIGHT
FLASH	PHOTO
FOCUS	PICTURE
FRAME	PORTRAIT
LANDSCAPE	SHADOW
LENS	ZOOM

GAMES

57

```
W X B T I L D L F P Y D J Q O N
S O G E L I K A P O H B O Z A G
A J G O N C E A V P E L D V T V
Y Y S S C R A B B L E D F U H C
K Y L O P O N O M W X E H G M E
Y S U J N B I N G O G Q S B V O
W B D E T H I D E A N D S E E K
Z P O B Q R W R D F Z K E A Y R
X S R E K C E H C O E A H W G N
C R M X C A K I K C Z L C W R I
U Z C E Y J Q L E Z A M Z O Q R
A L Q O M B M H K Y R O P Z M S
D O M I N O E S P I G A O O U E
R I R I W W R L K M A N G T J P
W O D X U I P Y A P C A R D S P
S A N Z Y E J W R G B V I Z Q P
```

BINGO
CARDS
CHECKERS
CHESS
DOMINOES
HIDE AND SEEK

LEGO
MAZE
MEMORY
MONOPOLY
PUZZLE
SCRABBLE

PARKS

#58

```
M F W N A F L R D U S S M G N H
G S F V M Z W B L N M L L W A U
B Y F O U N T A I N L I M I O V
Q D N U O R G Y A L P D P O V H
H C N E B N T X Z W Q E B T I D
Z S Y A N V G N N Q W S Q P I R
K O V G A S I D L K P I C N I C
S P R O E Z K Q K P O N D P N I
N G J H S W I N G V I K E R D M
E R T E X T F J I I Y A Q R V Q
B A N V J P T K A O P R E G U K
P S W G N F W S L M I E Y M A P
C S N O F P D R A O B E T A K S
H G T V C J W T R F Z R R K U D
W N E M I A W M Y E L X G C S Q
J O G G I N G S Q U I R R E L W
```

BENCH   PLAYGROUND
FOUNTAIN   POND
GRASS   SKATEBOARD
JOGGING   SLIDE
PATH   SQUIRREL
PICNIC   SWING

SPORTS

59

```
S A Z E V P Y R O K Q R R K U G
C G N I T A K S H U T C T P J N
I I X L L A B Y E L L O V S U I
T W M C G N I L C Y C Q X I J X
S H O C K E Y Q X B I A H N S O
A X G A K A N V X A G L Q N A B
N F F N P H J F H S O L G E Y H
M R G V H Y S S B K G A B T T X
Y P A E Q P W A C E U B U A C K
G W E R L I S R M T W T N G H Q
A J B Q M E U M S B M O J N I H
B S X M B G A G I A L O B I P M
L X I A W Q P L Z L D F W N G M
G N L V N W O L O L B I Z N F O
G L K P Y Z T S I Y K M M U Y W
N Z G R L M U H F X Q Y T R H V
```

BASEBALL   HOCKEY

BASKETBALL   RUNNING

BOXING   SKATING

CYCLING   SWIMMING

FOOTBALL   TENNIS

GYMNASTICS   VOLLEYBALL

OCCUPATIONS
60

```
G B V O H W R B N D E S O W A A
A A O I F I X U O C O L C W E R
I K S Z B Z J N I X C C Z B Z B
J E S U P W E L E V L E T A T R
E R O T A K O W S V Y O R O H T
M U K G H P G W R P B F C A R S
C O E L X K W A U A A I I L P I
I X S F E H C X N R N R S S D T
N R E E N I G N E C V E J G Z N
A M S F I C K N Y H S F U S Q E
H B K S U C X S G I G I D E S I
C W U N X Z Q A D T U G G Z W C
E A T X I M H N B E M H E E V S
M W D M F B C I A C M T V S J C
J N K D E N T I S T P E X N Y S
R I G M B M P J U T V R Y Y S X
```

ARCHITECT   FIREFIGHTER

BAKER   JUDGE

CHEF   MECHANIC

DENTIST   NURSE

DOCTOR   POLICE

ENGINEER   SCIENTIST

CITIES

61

```
B Q Q K K O D W V K J F X X Z H
H U U Z W D J X Q C K P Z I F O
Q P I H O T E L L O O H C S Y I
Q A W L R A I L I B R A R Y O Q
X R Y H D I Q Q R E T A E H T I
K K O J J I F Q W H F P F S G R
C L C E D M N O G K R T R S V R
H M U E S U M G O C G Q N D F X
E G D I R B R O N N D T I N H F
V X M T N A R U A T S E R N P V
E D H D J W T P B M Z V B S Y D
I U E J R U W Z T E B H P J X Q
G H T L I C Z N D O Y R M C X S
Q R O A X K H E O U W N H I Y M
V L J G T X B H B H Y N I Z I L
H K H S Y S Y U K T E E R T S T
```

BRIDGE   RESTAURANT
BUILDING   SCHOOL
HOTEL   STATUE
LIBRARY   STREET
MUSEUM   THEATER
PARK   TOWN

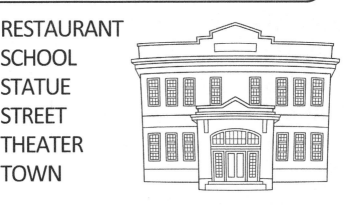

AVIATION

62

```
K J P E N A L P R I A U P O A U
W W W Y Z A G F U T P C D D U S
A D M V O H A L T Q L C C H P I
S L A N D I N G E O H A N G A R
J B T R E A P C U D F H J E T C
D C O Y L I R D U Y H C I H X W
F K L H W R S E T U H C A R A P
Y D I M F P G G M K J U Q O O R
M F P C T O U R D P P T M U G A
B H O K S R P B P C P H B U D J
T V T U Q T Y L H L F Y Y K S E
P P I R I H E L I C O P T E R I
R U N W A Y I X V E L B E Z Z X
M J F V G O W F A R A D A R B Z
L Y J H G K X M R L F E T E Q D
I P F M G E P O M X Q X J T M J
```

AIRPLANE   LANDING

AIRPORT   PARACHUTE

CLOUDS   PILOT

HANGAR   RADAR

HELICOPTER   RUNWAY

JET   SKY

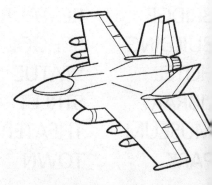

RAIN

63

```
F D Q I P T I X P P X S Q B S S
Y N G E L U K M A B O X A X D X
D Q X L R E B L H P E M F Z U J
E V O D R S N F S O S X X I O Z
N Y L D B U W N G E W S G W L K
H K I U I U M B R E L L A W C A
A N U P E H S T W E Q R O V A M
S P L A S H G P V T Z B E Q E F
O G F T H U N D E R N C D W D O
E N S V W Z V Z E I A E T C U L
R A I N C O A T A E N B W S M S
A C E P D G D R H I S Z X C Y P
I C B O D R Q L X C J H G M S L
O E O K E W D R I Z Z L E P E S
F L E Q Z A J T O U M A T P Z Q
F S E S P O R D K K N M R O T S
```

CLOUDS   RAINBOW
DRIZZLE   RAINCOAT
DROPS   SPLASH
FLOOD   STORM
MUD   THUNDER
PUDDLE   UMBRELLA

PIZZA

64

```
L Y B M A R G H E R I T A I Z A
X R G Q U M Y T Q R U Y M P W Z
G C U O H T O M A T O J S X Z M
I J B C V C K U G U O P B G O R
T K H A J R N A M C F D N Z H V
A H X O G U S Y D S W I Z N C F
L X A G C S L E E R X A X M I W
I J E M R T I H T S R E W H E M
A N K P Z B C D S E E H V Q D W
N E P W A P E A L P I E G J L U
K V K I U W U L U Q T R H U V D
U O I L S C A G B N O Q C C O C
Z V Z M E G K I Q M H D I F Y D
E N N I P H M N R O R K G O O R
Y P I N O R E P P E P N S F N J
I K J Y Z N G W S H P B A T C M
```

CHEESE   MOZZARELLA
CRUST   OVEN
DOUGH   PEPPERONI
HAM   SAUCE
ITALIAN   SLICE
MARGHERITA   TOMATO

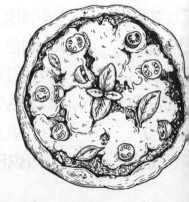

MEDIEVAL

65

```
B F S Y C O D Z F R D E T M N E
F A K T H D G F K O K H Y T Y U
Q L O Q T D L E I H S N A N Y D
K C F K H X A P Y M E K R V P Z
Z O F A U T N D Y U Q A M U R M
N N K I G Y Q S R S W O R D E O
O R W K R F C H I V A L R Y T A
E Y X O O V S R T D U W U L S T
G P T T E U Q N A B N G O W E C
N L M M S K W R X Y X B J Q J J
U M T H K E V D W M O T O N P T
D E B E L X U R D E V O S V G G
P V X T R W I X W H T F C A S X
H Y S Q M R A G M C V W M T E J
A A L I K W U K X L V F A Q V F
C H A N I C Q T C A Z O I A K O
```

ALCHEMY   FEAST

BANQUET   JESTER

CASTLE   MOAT

CHIVALRY   SHIELD

DUNGEON   SWORD

FALCONRY   TURRET

CAMPING

66

```
F Y K M U R F I M N A Q K X R H
N K V Y W V Q A Y R S D J V E I
K P D M M D Z Q W E J R K D F K
J W T E G C H H W T A V L B Y I
Q X N Q N A I T H N E V M C D N
N X E O I M S P D A S L A U H G
G D T A H P S C N L X F R C N I
K O H Q S F A W K U J Y S A G W
I Z T L I I P R E J X S H N N I
F N U X F R M U K K R Y M O Z L
I A A S O E O G A O A C A E N D
S E A T F E C E O K U L L F J L
Z R U R U V I D O Y D T L X K I
J K O G C R T M C F A Q O W E F
Y G V E S U E U B U L C W A O E
N P V E O M A F G V Q H E R W N
```

CAMPFIRE   LANTERN

CANOE   MARSHMALLOW

COMPASS   NATURE

FISHING   OUTDOORS

HIKING   TENT

LAKE   WILDLIFE

BATHROOM

67

```
P V X Z C F I F T W X O K K T F
Q A Y B S E M P A Y Q R Z F Q V
C B O Y H K Q R N U T L B J J R
T T S S O B T N D W C H L R D P
O O S A W V O O R I B E K O D R
W O R J E I E D T J R Y T V Z L
E T M A R H L B O B X B A T P H
L H T E Z A D O O P M A H S Z B
H P E A K O H L T W F X T D A T
M A L L D M R J H U D G S T D B
C S I H S T S T B A R Z H N A Q
X T O H V S M I R A P T A N K M
H E T H G Y I S U G U D R A I N
D A Q M C K G S S B T J T F T P
H M G I G U X U H T O D J F J T
F Z P V A U E E G J D I F E I N
```

BATHTUB   SOAP

DRAIN   TISSUE

FAUCET   TOILET

RAZOR   TOOTHBRUSH

SHAMPOO   TOOTHPASTE

SHOWER   TOWEL

DESERT
68

```
S C X K N D F D U N E Q W T J Q
P C V R P T A P F U E D S N F I
V A U P Y A C M R D U R G O L T
B M L W F A S F O B G A Y I Y K
Z E Z J C C M L P N I Z Y P K C
D L Y T Y F A C I R V I V R Y B
H S U V B D S Y D A H L W O K L
O S I B X S I I L X T O E C P Z
T H L X J V R Q R M V A S S O C
T U X C U A N J M T Y R H A M R
F B H F S D P I C I K J W Z N Y
W T A E H B J R W J R K Y A J D
A Q U D V N Z N U E C A O K F T
J Y U X E E H R P A L M G E F K
L T K F M X C A N R N F W E X C
V Z O A S I S P V B V V Z A B R
```

ARID   MIRAGE
CACTUS   NOMAD
CAMEL   OASIS
DUNE   PALM
HEAT   SAND
LIZARD   SCORPION

HAIRCUT

69

```
I  S  T  D  A  H  T  U  N  V  I  K  H  K  J  G
N  E  W  V  K  Q  S  S  O  C  U  R  L  S  H  G
O  O  T  W  L  G  C  E  Z  P  K  K  U  D  K  D
S  W  G  G  T  C  R  T  W  J  S  U  E  G  G  N
R  T  Z  D  S  F  L  P  B  J  R  L  F  P  R  A
E  Y  I  J  I  C  U  T  A  I  Q  L  X  E  E  B
P  F  R  O  L  P  G  T  R  D  G  P  J  J  V  R
P  M  P  T  Y  E  Y  J  B  Y  J  G  X  Q  W  I
I  R  Y  X  T  Y  I  L  E  H  L  F  G  X  K  A
L  W  T  D  S  I  W  Z  R  B  H  T  A  S  C  H
C  R  R  C  O  N  D  I  T  I  O  N  E  R  O  O
Y  G  I  S  V  B  N  O  L  A  S  V  U  C  M  T
U  H  M  S  I  C  F  G  D  Y  K  I  P  L  B  J
C  M  Z  W  U  G  E  N  A  B  A  U  X  E  L  T
N  U  E  B  T  L  L  I  A  T  Y  N  O  P  H  Q
V  U  C  E  C  H  O  S  R  O  S  S  I  C  S  I
```

BARBER
CLIPPERS
COMB
CONDITIONER
CURLS
GEL

HAIRBAND
PONYTAIL
SALON
SCISSORS
STYLIST
TRIM

ICE CREAM

70

```
D P U W S A A V A N I L L A R Q
E A D N U S F B X Z G B S U C H
F R X Y F R J E K A H S K L I M
G D I N O B S S F R Q F M D T P
W S T V R Z F S J W Q E Z B W H
J E A T A M R S N Z D F N A Q W
M L G X A S E T V N Z S S O J A
F K L P W C E R G F V A P H C C
X N F U O O Z A S I I I H U H X
E I N S T O E W O F S A V O X Q
Y R Z J O P R B R N C Z C Z R V
C P S R P B U E B J W O G R L W
F S N H P T R R E Q L Q M Q N V
R X G U I W C R T A Q Q Z A B L
F P X C N I K Y T D A B K A J Z
S E W S G R O E R F N A E P Z L
```

CHOCOLATE   SORBET
CONE   SPRINKLES
FLAVOR   STRAWBERRY
FREEZER   SUNDAE
MILKSHAKE   TOPPING
SCOOP   VANILLA

CREATURES

#71

```
N J S S R N L N R N M A C B X E
I S D I V V Z V A M P I R E Z R
F V T T K J F C R E C O U B R N
F R K S D P C D C D D O Y W L R
I Z O O F N P H L L O R T O G O
R V J H U H V Y N H P R S F X C
G H K G L A R U A T N E C D Y I
M J S M M Z V K P B C E J I D N
X A P C M I N N K U J Z T A M U
C S D I T T N Y G P Z C L M O T
O Z T L C Z K O J C Z I I R C D
W E R E W O L F T J N H S E X I
Y P Y M G W T S H A L X D M A F
G Q Q C B V L A X V U Z G U R U
M W L E M O N G G J G R T H U J
H H N U T Q U V N I L B O G W K
```

CENTAUR MINOTAUR
GHOST   TROLL
GNOME   UNICORN
GOBLIN   VAMPIRE
GRIFFIN WEREWOLF
MERMAID YETI

CASTLES

```
G W N I N S W Z K Y W R E F N D
Z A Y A D Z M H J C Q O M W T L
N L K M R B W Y H L G B L B Z G
H L G D U N G E O N Q I A X S A
R V F C V R I I U R M G U L I L
O P T G J Y H E G F O V W R F F
M L O C B N D T A S W N L M K H
R I W O A C U I T C O W B K H L
A V E U N Q B Y E O F O Q R F I
T A R R Q H E L T K W R T T Y L
D J Q T U L N Q D B N C T A A A
T Q Q Y E B O A K N I G H T O F
R I E A T V R K O Q H E Z R M M
B I B R L T H T I J B O S L O H
R B H D J D T N X S E M R Q X F
S G R P E U H V I H A H L N K O
```

ARMOR	GATE
BANQUET	KNIGHT
COURTYARD	MOAT
CROWN	THRONE
DUNGEON	TOWER
FLAG	WALL

RIVERS

73

```
N W A K W Y I A A K S O T A L O
O M P P W C J L H K Q B G I O Q
Z K A A R W N T H A M E S E E J
A L U L L C V O L G A B H U T K
M W W S V T F Z W I X O R P O E
A J M E E C Q R D R U C R H D W
B L Z I K G I C A U F W Z R A E
V X D D S C N C J O O J H A R Q
A D F H N S D A W S J D S T O O
V Z Q B I V I V G S I L D E L A
S H F F G M X S P I N B N S O S
F T G J E O X U S M I O S G C V
E B N Z R J K J C I S Y E L I N
X V I O E H C Q S D P X S X S R
A B D A N U B E U Z C P F A M M
B D P W C H J H B J T F I N V I
```

AMAZON   MISSISSIPPI

COLORADO   MISSOURI

DANUBE   NIGER

EUPHRATES   NILE

GANGES   THAMES

HUDSON   VOLGA

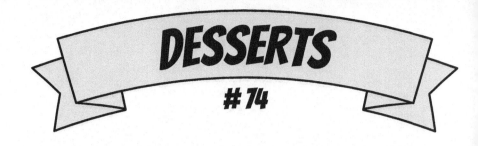

DESSERTS

74

```
D O N U T R U Z U D M S N C C B
B C H E E S E C A K E P R I J T
C F T D L G R M W X C L N C O F
Y P F N F H H L A V D O R D P M
H T W C A O K N V Y O A O H F V
Q V C J M S A W R D J P A K P G
T A R T Q W S U T S Q Z G L I W
C D Y F X S F I L R P Q E I E E
W C R P U U D S O Y W V A K L C
W M E I N W O R B R I N A V T G
W D U I T G D K K A C C T K O Z
E A Y I Z Q C A I T P N E V L N
A E G N I D D U P U A F B Y O A
P A S T R Y Z S C J W L R E A O
G W L W S M U F F I N B O R I K
N O R A C A M Y O G K W S R N W
```

BROWNIE
CHEESECAKE
COOKIE
CROISSANT
CUPCAKE
DONUT

MACARON
MUFFIN
PASTRY
PUDDING
SORBET
TART

BIRTHDAY

75

```
Z V X E Y Z M S I R B D H L X C
E N O P V D E G C W K T W B A H
N V S I N V I T A T I O N W L R
Q F A U W F B O E L H B F B Z C
S D E G Q Q U T L P S U J O Y O
J N T Q O E A S Z J L W J N H F
S I O V P R V N V I G B T G P C
O Q E I B H T N E S E R P A H E
N B A E T F R I E N D S R Q T L
G Z L O S A E X F N F T H B T D
I E N U F K R H A Y Y O O L X N
C J P W A Z G O L J Q I R E E A
K B A C G I D C C E S I B C K C
O X C S F I V R F E D W U G B V
L S V T S X K Z F E D A H S I W
C G D V B S U R P R I S E S E T
```

CAKE
CANDLE
CELEBRATE
DECORATION
FRIENDS
GIFT

INVITATION
PARTY
PRESENT
SONG
SURPRISE
WISH

```
P B D O S K P P E T P M X M K T
M P Z E O A Z O S C A P T A I N
A W Z D D B H C A D A U V K F X
C A K N A L P I I W V Y J N U P
O Q Y A A W F E L O F V K U N P
Q V A L Y E R U S A E R T U C I
F Z S S F K R H S L E W E J B A
Y R O I G C A G X H K K T L N B
F R O V C N F B S K C Q R R M A
Y O O E T T O L G O H L M I S N
Y I D Y T X B E H O D N P L J D
Q P P L Z A O G L H D S A B B A
P D E L O X W V P L D G M A P N
L W Z O I G G Y P E A F X F J A
K F N I U K Q L C I D G T E V L
P H Z P F Q O K W Q C O O U E Q
```

BANDANA   ISLAND
CAPTAIN   JEWELS
DECK   MAP
GALLEON   PLANK
GOLD   SAIL
HOOK   TREASURE

MY ROOM

#77

```
M H A V V H P B M A M D L A W N
A K Y A R V S N I A T R U C I H
Q P M W W K Y L G K N R T E X T
B K V M F K F F Y Z Y K C O L C
L H R G Q W I N D O W A R E K A
A O F S G E S V C Q J E O W X D
N I R J W O E P G W V W J E D X
K F O L T W B O Y B O Y H P Z A
E U R A N F S S S R W L Q B V T
T E R M Y N W T I Z X P L N S Q
R L I P O P R E P S P M N I E B
T G M A Z A D R A X N Z Q M P D
F D Y Z W E E C H X W X J T I E
J O R O S V O T E S O L C M H B
X I Z K Y D D E T X M K J L K G
F M I E S V E V M C G O O W E M
```

BED	LAMP
BLANKET	MIRROR
CLOCK	PILLOW
CLOSET	POSTER
CURTAIN	TEDDY
DESK	WINDOW

AFRICA
#18

```
A K W E Z R A C S A G A D A M P
I X E D G G H C O N G O F E J Z
P L E N U Y B O I I S F Y Q D S
O T B N Y X P Q J J O P P L U H
I O X S T A S T O F U B G L A J
H R Q E H N O F G A T H O C I K
T V U L X C O H W C H O R B R U
E C O J T U A Q Z B A M U A E S
J F F A B N T C F E F N N D G M
O M R O A W O U E Z R X M N L X
M C T A N Z A N I A I F H A A L
V M O R O C C O I H C Q C G T W
F K N D Y X D T T L A E V U L T
Z F S I D I B A B J Z Q O F O D
M X F G B N B D N W W F L X I Q
Y O N I G E R I A B F H S O U U
```

ALGERIA   MADAGASCAR

CONGO   MOROCCO

EGYPT   NIGERIA

ETHIOPIA   SOUTH AFRICA

GHANA   TANZANIA

KENYA   UGANDA

VEHICLES

79

```
Z Y R Y N C Z A Y Q K I T P X M
D O A H N P Q E M D K G X A N O
R I E W E Q V Q L B E M V S X A
I E K I B F F N K D U Y N Q C I
I Y N W S U Y X E L Q L M N W A
P W V W O M S Q S R S Z A N N T
I Y Q R E T P O C I L E H N R H
O J O E C D O B C I M L Z U C O
E L C Y C R O T O M G F C H B E
H R H W N Z Y I W D Z K D X T V
D O D L I N T E R T A A C C X R
N T U W S F N A V M Q T W I Q H
I C J X P I V X K F F P Q H U B
A A W V M N R E T O O C S U F U
R R D U J T J Z M D K K A M U S
T T V T I I S Y G I X Y T E L S
```

AMBULANCE   SUBWAY
BIKE   TAXI
BUS   TRACTOR
HELICOPTER   TRAIN
MOTORCYCLE   TRUCK
SCOOTER   VAN

RECYCLING

80

```
F O A I J Z P D P C J Y V C L S
E Z Q T L Y H W P N L K L M U F
C L C I T S A L P H U N I B E Y
C K C M E T A L N W M L U C C C
K K J F K P E C O L O G Y I U E
I U F R D C N A C Y E D A Q D E
H E N V I R O N M E N T E K E C
L Z L T C K I F G J I L G I R O
S Y H V C W C Z C H H T L K S F
Z K W U A B F J Z O V E A G N V
Q E M Q R B U T Y J M T S C V Z
L R Q F T O W W J C B P S F Z L
I Z Y N O T M R E U S E O D F M
W Z S G N T O B R V T T S S R P
K Z C L A L S C X U M Y W X T D
V I M T N E K U H Z X V F K H X
```

BIN	ENVIRONMENT
BOTTLE	GLASS
CAN	METAL
CARTON	PLASTIC
COMPOST	REDUCE
ECOLOGY	REUSE

KITCHEN

81

```
W B O V Z V M N R T D H Z K V S
N U T L C M V T A O D P J I P R
S W Q F Z G Y D S Y S N O E J H
M M E M U X X S Y T B M L O U I
W I O P J H K U I B A I J Z B M
D C U D N J N W H V I V T I J Y
G R T W O X I D K W G U O K G E
B O A W O Q F P U P Y V A G J M
K W S H P D E K L S A L S K X Z
N A H N S L Y R A A H Q T E T F
I V O E H U P O U E T X E F X R
S E V Z H U P F U Q A E R O R I
T R E P C D W C N F Z T C G O D
S A N M R Q D C Y Y Z B E E S G
G F B J Z L X P Q V Y U W A L E
U B X D N A P Y Y N O M I X E R
```

CUP   OVEN

FORK   PAN

FRIDGE   PLATE

KNIFE   SINK

MICROWAVE   SPOON

MIXER   TOASTER

JAPAN

82

```
Y D U O D U J B H Y O N W P J C
I M L V M V Z O O N E Y P M W Y
E M I N A K U N B N C G Z N K X
E W N K S R C O Z Q S V A I E I
W D Q E P N C M B Q M A V N J H
H I Y M P L R I A R O B I J H G
F S U O L J E K Q F L M I A S V
M G G R Z P I C Q A I M I H N I
N L J Y S B L M B M H V I V A A
E L Z A U P W I A P G L L R O Z
X T G U S N B G O G X F U G L S
P L A Q H S C N J E I M C K W H
V M V R I D E U S D A R H X X F
H Y A U A E J U G S D Q O E J E
K F Z X A K M Q P M C K O I Z H
D K I R S O F M R S V C F N M M
```

ANIME   NINJA

BONSAI   ORIGAMI

JUDO   SAMURAI

KARATE   SUMO

KIMONO   SUSHI

KOI   YEN

GREECE

83

```
H W W F E T A K B B P K O F E T
J E U J A T H E N S Z O R K Y A
G M R Q U X F L S F E R M A G Q
D Y V C V F Y D O P U Q S G O C
Y N B B U W V J Q G S O P A L I
B P N J G L I K N H I L H M O U
R L C T S A E B O I V Y I D H K
B A S A P D G S H L K M L A T D
J T F O U F F F T F O P O O Y H
T O L M D A S V A F V I S C M Z
V L X Y H B T S R N L C O Y A A
O O C P F L P N A L Q S P E P S
S P S V O A I X M X W Y H O R K
X R T U R J T F Q J W L Y J B V
S N W T G K H O L I V E M B A F
S Q A N V A Y R K O S T D X J W
```

APOLLO   OLIVE
ATHENS   OLYMPICS
FETA   PHILOSOPHY
HERCULES   PLATO
MARATHON   SPARTA
MYTHOLOGY   ZEUS

FARM

84

```
S U V Z O R L O D B G K U P N V
S M X L R F C A N R A B S M B R
K F Q O C N U I F P P U D B M G
M J E D H J O B U D Q L J T M Z
R O C F A R W H A Y L F O L S P
U K M S R Z D Q B F X E Q U W K
P K D S D V Q K H W O C I Z G C
V I J F P W T J H Y W X X F B H
S A G G B A C O L L Y A F V D H
K V Z N E U M P H F Y F L M E I
K F X H C S K B E R Q V R S A Y
E F W A P X O N N R V X E M D R
S V I T K F B G Y A C X M X V X
E S R O H N F E O G U X R Z R U
C S Q U Q D T W W A M A A B U L
J O W W L J K X C E T O F M R J
```

BARN   HEN
COW   HORSE
FARMER   ORCHARD
FIELD   PIG
GOAT   PLOUGH
HAY   WHEAT

BOOKS

85

```
F P B W L I B R A R Y G R P S G
N C F O R W W Y S G V W F I Z Q
H Y E B I F E A K P V A B L Z C
D N G E R K F A Y V T O J M U A
A K A U X W U N K K B U K D B C
E Q P W P T B G Z R E T P A H C
R T Y D H J A Z S N H R U E K B
A Z R O C U E L T I T Y R O T S
M Y R A N O I T C I D M Q X K O
D O E C D D N O F Q N O N I M V
F N T S H X F Q X T C O K Q W O
H F I C T I O N T L O O V T K L
M Y B C P G S A Z X Q O B E R V
V X T Z B E M V R E V O C M L U
W Q B Y H P A R G O I B U P Z E
D K L C C P D O S H L A A Q C K
```

AUTHOR   LIBRARY

BIOGRAPHY   NOVEL

CHAPTER   PAGE

COVER   READ

DICTIONARY   STORY

FICTION   TITLE

DINOSAURS

86

```
P D H X M F R F X S E A W G K N
I J A O X A N S W P X F F W Q K
J C T U O E U I I O T J V E G P
G I V R E M R U A T I T T D O T
Q R V G R M I T X A N D N C N M
J O F M O J L Q M R C B J A K W
G T M Q V Y U U S E T D F Z I P
O S T Y I J C S B C Z P Z V P G
Y I H B N Q U G B I A L R O W H
H H X L R N G M Z R R T M H U O
J E R B A A V A R T J Y S Y F I
G R F O C C I S S A R U J M C J
N P J N R H E R B I V O R E D J
Q I J E F H D L I S S O F H H P
E L M S F A Z P Q W Z Z M K Z L
V G B P T E R O D A C T Y L P L
```

BONES   JURASSIC

CARNIVORE   PREHISTORIC

EXTINCT   PTERODACTYL

FOSSIL   ROAR

GIANT   T-REX

HERBIVORE   TRICERATOPS

LANGUAGES

81

```
P F R Y M Q Y B U K N K M I X Y
R N A I S S U R A K S U L O H A
Y V T F R E N C H X E J P N S M
D C J E J E E Y B M E F S I I D
K K R T S S Y F R A S X N D L B
K A X Y E E Z P U P E R Y N G S
K F I D G U N N B F N N P I N F
F B T Z H G K A F G I C S H E R
B V A G V U Z E P X H I Y A J Z
H J L M C T U R O A C J N A I G
G N I J A R O O W V J B B L G G
M G A V H O Y K A L K Y O F Q E
K U N X N P C D O R I Q S K O R
C F R L R Z J M Z I Y O O V Z M
G T C I B A R A S L K X B X H A
F D X W H C T H S I N A P S G N
```

ARABIC   ITALIAN
CHINESE   JAPANESE
ENGLISH   KOREAN
FRENCH   PORTUGUESE
GERMAN   RUSSIAN
HINDI   SPANISH

deutsch

DRAGONS

88

```
C L Z J V Y K Y U Y B S G O F L
A S C Q Q P B U C H W J H J U Z
U W W J Q N Q M F B X C F Y C F
P M K V C L T M M U F M A U C A
J T O E M B E R L R S X X B T N
Q E R I F U J R V S L L R U X G
K P N Q Y O D N A P A D N C C Q
Y L V V O U B B S R Q S C S O B
Z T M C H A E W E U E Y F X D R
S I V D F A V I X M Z G D A H E
D O E G S U V L E M A P N E T D
E W V T D N E G E L W L F V Y R
M K A E J P P F W A C I F A M O
A L I H S C A L E Y B F N C L H
G V Y P C E J D M G B X Q G P A
X F D Z S Z B Z Y Y X G X C S R
```

BEAST	HORDE
CAVE	LEGEND
EMBER	MYTH
FANG	SCALE
FIRE	SPIKE
FLAME	WINGS

NORTH POLE

#89

```
U Q O I O L W S K B A G N A T Z
N J E K E A A U F R O Z E N C J
X K T E H L L R E I N D E E R Y
R L E S V K R T Y T C Y G X W W
Z A X K X L U U L T A P E A A P
A I O I S X S Q N I S D Y E S N
U C K M A E S S O C F O W O P Z
H E B O M Y K A G E P O R P D M
V B T N M U D W R Q R O Y F G F
K E G L A C I E R C L L V N J W
C R K I E F J M W K T G K M R S
W G V R H B P F O Q U I C Y O C
H D A Q Z J O F N R X F C J M D
Q E A B T Y Q G S B N H S Q G K
L L J I B M F L K R C R W A W D
G S M O M N I H U G U Y B Z F N
```

ARCTIC   ICEBERG

ESKIMO   IGLOO

FROST   REINDEER

FROZEN   SLED

GLACIER   SNOW

ICE   WALRUS

FOREST

90

```
S I H N E N H M B S O F A K K V
C V T E N L G O W G L M D V Q Y
A D H P I U B S A O Y S L A B Z
T H B D P R A S W B P W S R P U
I S X V R N N I J E G W O N U Q
Q L S K A P C N A S V O U F C A
X X X E X S V T V T K S L V R I
X R Y C N O K X I X N R G Z A V
H Q E Y X N O V Y I A D R E Z F
J A I E V F U I L B I L V A Z C
B M G J D X A Y B A B P I F C P
H O G U R L V I E C F Y F A H K
B D T U A V T Z A O U N U K R T
K D Z U E C G R C R Q W U J W T
L P C W B U S H I N O A O W R F
M U S H R O O M U P N C D R M C
```

ACORN   MOSS

BEAR   MUSHROOM

BROOK   PINE

BUSH   RABBIT

DEER   TRAIL

FOX   WOLF

TRAVEL
91

```
Y Z V S P M O U N T A I N Q M D
E S W D U L X N Z S U Y B I R J
J V H M U W C R U I S E X X J Q
A K R K M M K S O U V E N I R W
K Z N O G U I D E N Q P Z P T C
S A D V E N T U R E T O B E R O
F F L I G H T L Z K Y O S J O U
J J D F P P G Q A G R L U B P N
E R O A D T R I P Z X R B R S T
J W G E P H C J A H K T N S S R
I H S G X A Y M B O W E T H A Y
R M G A U W U O Y K E W C N P G
V Q X G W N O I T A C A V B D Z
A M V G U A J H U J R R M K X N
I A M U H Y U K U U S C W T K U
B T U L W B H Z H A J G O N E H
```

ADVENTURE MOUNTAIN
COUNTRY PASSPORT
CRUISE ROAD TRIP
FLIGHT SOUVENIR
GUIDE TOUR
LUGGAGE VACATION

FAMILY

92

```
H R P J L O E S R G B A Z C G N
S I H Y E B L T E X I P T P R Y
X T O L P Y Y N W N U V J L E G
Z S C S P R Q E N I S U O C H R
I N B R U Q J R   R Q O I R T A
U F L E Y V P A R S O Y E C O N
H Z N S Q N R P M W O H F D R D
A E D A U G H T E R T N C T B M
U X D M N O M F I A N E F L A A
M U R E T S I S F E F R R D V K
J I G T U S C R E P G N U Z E V
P Z Y E P F K N K Q V O T S C S
Z V D H X Q M T A P D N A R G X
W Z Y S F Q S Q N X V I K A G F
W M T R C K Q B W U O G Z R D C
K M O T H E R S J N A O E O I B
```

AUNT	GRANDPA
BROTHER	MOTHER
COUSIN	PARENTS
DAUGHTER	SISTER
FATHER	SON
GRANDMA	UNCLE

CAPITALS

93

```
P I J W C T W O C S O M J U Q Y
X B Q T A M I I K Q F B U T L F
A V P Z X S M F I U G G Z C C P
H U A U O Z H A U J O R F X H F
M V W C F O J I D N O D N O L M
C A N B E R R A N R R M O T L G
U A U R M D B E F G I E A U D N
T I B J M K F L O F T D O T B I
A M E M P M X V F D N O S O X J
X R R A M S T E R D A M N G X I
Z O L Q H L D X D V L W R A O E
R M I O W H W D F H D G F H J B
A E N J E C G O Y K O T A N P M
A V K X Z P P Y A W A T T O I U
W T Z N D F C A K S I R A P S B
A H G P H Q J L S H E P U B H L
```

AMSTERDAM	MOSCOW
BEIJING	OTTAWA
BERLIN	PARIS
CANBERRA	ROME
LONDON	TOKYO
MADRID	WASHINGTON

```
C B K O T Y J G U L I M B O W B
Y K G L Y D O R W E T U F V K Q
H E T T B Y M F F L A M E N C O
J T N J J D Q F Z G A B M C T O
X J T A N G O G M B R R G U E K
O G D A J T T F B V B E N R L Y
Z T L B Z S C E K Q R A I C L Q
C P U T R U L R V X Q K W G A I
V U L X V G C U T P L D S X B T
U A B F U F A F J J L A I B W A
W H I P H O P S K N V N W X K E
D F O K O C U R L W V C Z L K C
T K W T L V V E Y A Z E O N I A
V L O B D O F X G K S P Y J D Y
A B M A S X F S C A C J B G M Q
G B U I S N M W L D L F R V H R
```

BALLET   POLKA
BREAKDANCE   SALSA
FLAMENCO   SAMBA
FOLK   SWING
HIPHOP   TANGO
LIMBO   WALTZ

COLORS

95

```
S L T Q P A D N K N Q N G W J W
M K I O T J Z U T K P D Z L P Z
S Y X R A K I E Q N J G I D E R
Q A Z J G O U Y A G M T C D C Y
X M D J R L H Z M P R I G M H B
S T R L B B K C A L B E F B P B
V I O L E T H A L O S A E B S P
G A R D W T Q J R A Q I G N O I
R Y J O I E E A W O L L U Q W N
Z B W G V Y N P M E Q L N X W K
F W H T G G U D C S H R Z N U U
J N I B E R F N G N N V F U O R
J R T Z P S I I W W O V Z G S Y
P P E L P I O O C T Y E L L O W
S V E B U W R T R G S I L H B Q
T I K Y J B Y A R G M T F U S C
```

BLACK   PINK

BLUE   PURPLE

BROWN   RED

GRAY   VIOLET

GREEN   WHITE

ORANGE   YELLOW

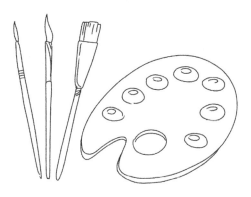

ASIA
96

```
A J F J E A N I H C R S W V A C
Q F V S E N I P P I L I H P K H
M A L A Y S I A O E J Z X C N Q
K T Q E Q T K T U Z A B O M A H
C K H V X O J X N D P E I Y F M
O H T A R X W M O P A J A X C M
L S L E I Y Y S S A N Q F N A K
X E A P J L M Y I T R A M N F N
U D Y F M V A L U U L Y T K B A
X A C E Y C O N K M C E N J A T
B L U J I G T P D J I D S P U S
M G I Y N P T T X V X D B Q O I
P N J O E R O P A G N I S G N K
N A M K E Z N C L V K L K J P A
W B S V L I X G K Q Z P G A H P
E B M I T V V S I N D I A F S L
```

BANGLADESH   MONGOLIA

CHINA   PAKISTAN

INDIA   PHILIPPINES

JAPAN   SINGAPORE

KOREA   THAILAND

MALAYSIA   VIETNAM

BIRDS

97

```
N L Y Q R H A I A H T M C T Y U
C D K J J U O N Z I F S M H B D
Q A N U K L O E C B W V O W W H
Q U N J Q E X Y H J L J B X C F
V M I A G R E K C E P D O O W I
N N I I R R D E U R U G Y Y J S
I G P E C Y T H G L H Q E T N K
P N G N V L F N D G F K P T I G
M O Y L B W O R R A P S E I S R
Q C M L B R C K B G C P A B D I
S L Y U V F C V S F R F C K J V
O A Q G O H P B G T O N O W T C
C F M A S Q L W O Y W A C A K Y
P K H E L W U U S C J N K H I M
I O V S N Y N D N A W S U B D I
B L I Z M K N I B O R G T M H R
```

CANARY   PIGEON
CROW   ROBIN
FALCON   SEAGULL
HAWK   SPARROW
OWL   SWAN
PEACOCK   WOODPECKER

ROME

98

```
Q O U X S B B T J P A Q Z P E H
S E F X N S I R S Y B Q H N L B
R Y M P I Z Z A T R O W W O I V
G L A D I A T O R O F J N E C T
E Q A G U P M N L M O C K H P B
Z T K P K D A A K U I T Z T N A
I O A M F C G O I L N S Z N U T
L V G N I K A Q N U D F X A P S
I C E T E H W A W S F G T P U A
O V A R Z S K G S L O B S C W P
Y V X A T I T A L Y M W X G N R
K N M F A U Y A J B C A E S A R
E S B U A U G U S T U S C N Z V
L G Y Z Q M U E S S O L O C T X
X G M X F H D U N R Y B U K M W
A Y W F A P Y W P P L S W M T Y
```

AUGUSTUS PASTA
CAESAR PIZZA
COLOSSEUM ROMULUS
GLADIATOR SENATE
ITALY TREVI
PANTHEON VATICAN

COMPUTERS

99

```
F U D S F N J R E H F R F B L R
D Q N N J D L D H X C G E F J G
J D K F M C K R P Y L Q J M N T
G E F M H W S L N R I E Q C N Z
T S J U O S I W R O F R R Q E K
Y U X K A G I C Z M B A W Q E E
T O Y B V F P K S E R W H J R Y
Y M P O I I R Y G M Y D H Y C B
L C W R B V T O E X O R Q A S O
I A P R I P S Y T V W A Q P R A
X J P U T N C K Y I T H D I N R
S N M T F J T V S B N S I P K D
N S K F O F B E U S D O J K J K
Q Q O K I P V Y R U R T M U W Z
V Z P E R A W T F O S Z L U M D
E E T E N R E T N I X Y C W P C
```

HARDWARE	MOUSE
INTERNET	PRINTER
KEYBOARD	SCREEN
LAPTOP	SOFTWARE
MEMORY	USB
MONITOR	WIFI

THEATER

100

```
W N L A C R O T C A T S L L G J
U L E H V Y W R U E P Q X E C M
R Y L B T E L L A B R V N H G K
N X Y N A R T S E H C R O I S P
D X V Y Q J S N Y Y Z G M C K X
E G A T S K C A B K L F N X I X
O I A Z A M Y E Q V A H M G I S
Y R R Z H W Z R H I C H O D L R
V S D G A L P M J L I S X H I O
L L B M S H P A A Z S V G L D T
T J A U D I T I O N U W O C C C
O R N V E G A T S P M H A Y O E
D W P B O N R H I Y E P C F M R
D T V C P P Y M M Z S M Y W E I
J V N S C R I P T X Z M W F D D
W D R D U P S C E N E X H P Y V
```

ACTOR   DRAMA

AUDITION   MUSICAL

BACKSTAGE   ORCHESTRA

BALLET   SCENE

COMEDY   SCRIPT

DIRECTOR   STAGE

SOLUTIONS

#1 FLOWERS

```
T I E K X S I R I Y G U C R E
Z Q W W B Y A S W J U K M U S
P Q O U Z K W U C D A I S Y X
E R A N I U M N C P A Y Z H U
G Y E R A G J F R N F Z W K U
G L E G J G Y L V M N I I P K
X I X S P M F O L E L R E G N
A L J R L C K W F B O T I G H
T L A V E N D E R V U I F K K
U A Y S P E I R F N N I J S P
L G A J U S Z O I T E L O I V
I W V A M O X A V J F G Q C L
P V X K O R C H I D N A R L M
J U X P N J L R R X Y T B U Q
J D S N F J X A X J Y N O E P
D A B E R C Q J G X O B F L V
```

#2 CAR

```
T I S A P F B R Y P F G U E S L
N F Z L E E H W O B V A Z J J R
G N I R E E T S Z R M B B E P U
W I H E W P T F L A V R D N W X
I H B C B E R H V K P I O M P T
Y J Q L C B B O G E K A O N K N
Q D L E I H S D N I W P R U U E
E C Z C A R L H E W L Z C A F N
Q S A I E E B Y S L J D Y U E I
V D D R J P S O E J A W A V Q L
H S T Q X M W R A D U M V E O O
T V R I W U S R T X V R W V H S
L Z U A W B C M B C G F Y V T A
F E N F U J D A E I R G H S P G
V H K E R I T H L W J P X L A J
W V O M Y Y E S T P T N O X J I
```

#3 JUNGLE

```
K D U C T E W L L R G K F A D
E I F A Z Q Q Z M D E B R I E
V P Y N L E Y F U L H V M K Q
O O E O J C L W N Z B U I I S
R X W P R T D B X D H Z Q R J
G C U Y S U U K J C E R E T K
N Q J N Q S F G Q Y Y Z S T W
A C K H W I Y S W H R E Y H W
M E Y E K N O M T E R W M R S
G S D Z X E L C Y O R R L F D
O K J Q R N Z K F Y A N A I L
R T K S Y I Z N O Y T X X A Y
F W U Y J V I B T O R R A P X
V S L D U A H B A M B O O V T
P X G J R V F F E A J L A D R
G Q U P G I A O S H T Z K I E
```

#4 ELECTRONICS

```
M A Y Y F Q M W F D U H K P E P
O J U R W U R O S X I H N B T G
O K I O E N O H P T R A M S P W
S Z M R O Q M D R E K A E P S I
Y E X E T Y G I Z P P U W E H F
Q M I T T B W F N Y W N E J T I
G D D U R D X A F Q F B B C G R
M E U P U R I O O M F A Y H F J
F Z X M O O Z T Y T E L B A T I
R S E O Q N L R C E Z J V R G B
X Y G C E E E Z C Y B V B G Y U
Z X J L I T T C R H P J C E G N
K E B A T L P J B V R N Z R U S
R A R A J L P K R O B O T P E P
C P B G S E N O H P D A E H L P
B I K B W C O N S O L E F I J P
```

#5 ROYALS

```
R D W Q I P P S H E K U D F X E
W U U H N O B L E K P U E N E X
A U K C F M V B Z M M D A J R K
M C I X H R L D F B Z Q R L T M
K Z N N I E B V I E L L U B D U
O Y G Q F T S J S R G S B E Y S
Y E P P M N X S S I K T O U E N
P N H G V I L S E P Z W S P A N
D M O D G N I K C M G Q C M T S
J V P L N I D F N E F J Q E T L
I C O U R T K O I L A S C W N U
R M F L A R I L R K W A M H D C
V H C R A N O M P Z L M J Q L V
I X Q G P Q V A N A Y W R D U A
U D R O L K W B P V P B E O V W
N G E C Y F B R N Q Z V S X J N
```

#6 WILD CATS

```
E A M D Y U D J I Y Y R Y I I
H V K A S C Y V U F O M K U O
R E H T N A P J V R E G I T E
Z C Y L T R A G U O C U N M J
P O H C L K M W U I O N R T D
F L A A J A G U A R C C O D X
Z A P R E T B S D H P L I I U
F K G A M D X N E P E L X Q L
F H G C U W M E R C W O I J N
T B B A K W T P O I S Y X A P
G D T L Q A O J H W Q R M R F
G V V X H F N W H V R F Q W P
B O B C A T L W L S M G X U A
F X A L L Y N X L V P H M Y B
J G E Y S L K L W C O A V I S
Q P C S X E Y D R A P O E L K
```

#7 MUSIC

```
V D U N J U E H O T P D T H B B
R F L U T E F M E R T D L I S C
W D B A N D K P H U G U M K F B
H J W T Y O I U D M R T M G Z G
O V E L I U T K F P R E G N I S
G W U V T Y X G R E N V L A Q G
O D P I J M C Z Y T W U H K F O
C L W O R C H E S T R A Y K X
Z V X L P L B B M L Y R I C S F
T I J I R C H S E N X L S I S A
R B B N H M Y M D Z E M S P G Q
E E W Z H T E X T I I O X U P O
C M H A J L X Z J P P I I J P N
N A R V O V N V K A Y T J Q B A
O P J D I L Y R F B A M O N W I
C J Y O P K U J U R N W O T J P
```

#8 HOBBIES

```
P J P Y H K V J K H G L P I U
T N A M Q W R W R U T E N T X
X X I Y P B O N G G N W Y Y E
X L N E M K Q N V B H V A L N
B K T B A K I N G G G M K A A
W L I L O T S E G N I T T I N
K G N F A O A V X I J J Q P G L
W T G K V I O Y O G A W C A Y
X V S Y S Y E R E F Q Z M R O
B O Z R S N P Z V F G Y F D B
N G N I H C T A W D R I B E V
N S L N H W L C E W Q P U N M
A E P W P U Z Z L E S N J I X
I M H P G N I W E S P U G N E
G Y H P A R G O T O H P P G Q
D R A W I N G U V O K F P E C
```

#9 HEROES

```
B Y L W T R I U M P H W Q N H S
Z U Q E E K L R E D N E F E D L
S L B W V T F K E S X R S A X K
S Q S P A B B Z N R V W T Q F H
C Y Y E J I R T H T X V J U Q F
L E G E N D A J H B K Z R K D K
D M X U G T V R T S E U Q L Q L
B F T U K H E P H L X B E J Q S
G G J G U C S P P Q A K P U W I
R N O I P M A H C P Q T S S T R
J S F B H G H T E G O X M H K E
A P C K Q K R Z E Z S W X L L S
Y U J C M E D A L W L C E X B C
C Y V V Y C Y R O T C I V R E U
R O L A V I S V Q Z Q R H N U E
G S S E L R A E F W H U C X S U
```

#10 FAIRIES

```
N G S R Y E I X I P A S F G K
Y L H W G I S D B D L V L J R
E T P L D E T I R P S I I D O
N U R N V F J I N V T S R S K
C B V O S E V L E T I P Z O N
H B S E X Z S L E W Q A C K O
A D U X M H V R X O J R N O O
N F V P V Y A K C Q X K V N Z
T B M Y S T I C A L G L E J M
E E J Q Q L H V Q Q H E D S U
D L F K U R D Y M K X B K L E
U K Y O P G D A Y S A T N A F
Z N J M G E G I N M A E R D X
J I F A R I G Z F B F J U H I
E T D F C M L A T S Y R C Z D
Q Z O D K Y B K V I A H S B U
```

11 SHOPPING

```
H H T N T H G V J N H A P L F
N N E K H F L D Y O I K N V J
X Q W H J A E Y G G U I O D E
L U S S D Y U D I I K S P W A
J D H P J U G Y F U Q C U E N
U N M X N S S E R D S O O E S
G A G S A F L K W V N A C S E
L V X C K K X W E L N Q T U M
O B N Q Q J R B C A B O M Y U
W T K O A V V P I I R F U R F
R Q E C P S L O R E O H P E R
U P K M C Q E O P V W Z T C E
T E X G X D E O L W N T A O P
T B R F O R E V H F J R B R B
J S P N R M N O U S T P D G Z
C F Z M E E B S A L E O A H J
```

12 BABY ANIMALS

```
P H K V Q F K S S Y X R Q H J B
E L I K U B C D J P H C R C T J
B R T B L V I R D P L J J I J H L
P L T N U V H G W U S Q P E F Y
E I E D S C C M N P P K J V F K
B V N L N T O V E I W D E F G D
U Q A D P H E S N M L O C E D J
L O S I J F C L M V Y S I R E B
F T K L H L X O O C D Y O R Z M
Q D I I E A S D G P T E L G I P
G N I L K C U D B K D L C Z L E
B L R L B C B F S I E A D J I V
L Q A T M H Z O V Z F V T N Q W
S T Z M N J G D J V T M K D Q I
G M Z Q B N W A F K W E U G X C
H V D C X D V W T C H Z G O X E
```

13 CANDY

```
X A L P O P I L L O L U P S U
C I R O C I L H Z I N D M M Y
O N U H W S M A R T I E S N J
A A Y T E E W S L S O G Z E Y
Y V V W A Q C B O A L V L Q L
L Z A X I P P U J N Y L S W S
Z V K R D C R U M H Y B S O L
S T A F F Y I N Y B E E C L Z
Y H C N U R C J E Y P E K L S
K J U V O T R A X P J F I A F
I E P Y N X N Q W N S F I M F
E Y C M A W L X O K D O K H M
G U M M Y K L R G C K T L S L
K O Z J W P D Q J M A O W R V
Z W M N N P R G M L D B P A B
H A R I B O T A J O T Y T M Y
```

14 STARS

```
Y C Y M U N I V E R S E P Q O P
E O I A S O J E C A P S K F C P
P N I R W I X R C Y J M I G C G
O S G C S R G Q D S A D H S A T
C T K V O O G B X H P U Y G A S
S E U G I X H L P S J I X A J U
E L T R E P P I D G I B K L X I
L L G W E S O K F I N N T A U R
E A Y A W Y K L I M E Z U X K I
T T Y B W C K P I K K X U S Y I S
G I V T O S O A N D R O M E D A
Q O A Y Y I Z M K I A W W N L O
U N W Y P T C L E G V W Y G N R
Y T N R X X T A O T C G F E I O
S K V R W V K I H Z P Q L W C W
O X N G A S T R O N O M Y F W C
```

15 SCIENCE

```
X J T E L E S C O P E N O C I
J S V L V O H D M H T U O A I
N V O J D Y F I R K J A T T R
A U N A Q F C R I J S E V O I
Q B F Y P R E E I Z L M X M I
P O U X O A U W K S B O Y N L
S Y C S E X P E R I M E N T A
Y T C S L S K A I T O X M E C
V O G L E L V L F Z O W H N I
P L I J P L E A B X B C Y G M
Z X H G J E Y B Y K D V X A E
G S T N M C F G S Y Y N J M H
F L O R A D E F O B K Q J E C
Z X V N Q N H E E U M H M F N
G R E N E F K T H W R N A E U
P I N Z F S C V E V K Y Y Y U
```

16 UNITED STATES

```
V I T G N O T S U O H E T R N H
G K H J A X J X B B W T V A O B
E G S B O R I W A K O D H T T K
Z W A P E H E Q Q N K F F N G B
N O Z V N K A S H S L I X A N O
T S N M E G V I M D N M R L I S
P E D G G F E V Y A Y Z J T H T
D L O S A N G E L E S R W A S O
E X X A J R Y E K D I Y B E A N
T L G I M A I M B R M Q Z V W W
Q U M Q K D R E P L O F V V N X
X A H D P H O E N I X Y O W M B
W H F M Y Y G G W T V U W P B O
W K U A Q D A L L A S A S E S A
L R B O G A C I H C Q V G J N Q
A U S T I N G R P M E J V Y N A
```

17 EGYPT

```
G S C F S X N S L U S E E K U T
W M T F L T P C D L G G W L O G
M U J Z M H E U T G N C N I R N
I M Y H I P X O S L G T N Y I A
P M O N Q U J Z V K Z I Y B A U
G Y X I Y Z E A N U B I S T C J
B K C A A R T A P O E L C H S N
B A T O J N U J S X R K R R K R
P Y R A M I D V V U S W M R D I
P V Y A W H F T O M B P P Y K R
T J F E C T G S L S H T A K J G
Y E L I N S J B U A P E P W I F
O P J S B R J E R R G M Y M Z O
J T H C X Q B A N V S P R U O V
I E N J R Z O U E Y E L U W O C
L T Z F C H Y M F G W E S K U G
```

18 FRUIT

```
R I Z C J K Y S D L T N I J J
P L G H T S U B M F O Y Z K C
O G N A M A G P N B W H V B F
E V B A N A N A M V P D F B W
Q Y Y J G O C H L N Y N F I K
N R X A B W H C H A Q M I A L
O R U A R S H I A Y K J G G L
L E A D V E E G S A A R V N I
E B H G R A P E F P F O M U J
M W B R J C E E V A K A Z E T
R A Y F D N P X D P S J H W F
E R H X B J X T U L R I N M L
T T X Q J G O N Z N F A O X C
A S X X C E G N A R O W M R A
W Q C K I E O V Y B B O E Z X
K P K K N F K I W I K T L G Y
```

19 SHAPES

```
C N M U T O B Q H P O S U V J I
U L H Y H M F S W P H V H U Z G
B Q W T R I A N G L E P A G L N
E Y G Q I O L W H B P C E L I N
I C V R L H J E B Z Q T L E F J
C W E J G A X H Z T R Z X R B M
H V E D X A E J K P I Z J E W E
Q I F L G D X B V O E S R H A D
C I I O G D G A C K U N I P F N
M C N D K N S L A U Z O S C J
U O X X F H A A W W F H X C H K
O G N N O F C T M K A M S Y E O
Q X X G G W R C C O C P F P A Z
H R C I R C L E D E N G X U R H
P S Q U A R E S Q M R D H C T Z
V D T Q S G C P E N T A G O N B
```

20 DOG BREEDS

```
G B O T U N Y N H C Z A V Q C
J O T X K Z N G R N O A U M L
H N D L R E T R I E V E R Q G
J J X L K G I R R W C D L F
I H D A L Q M B E O P M T R P
J P X B T U E W K T Q O B W L
D R P R E J B A C T G K O Q M
M H N A L G Q B O W Z T T D H
T R X D G R L Z C E U S E T L
G P L O A C Q J S I H R X W D
U R Q R E Z E V A L U E S R P
V I M W B Q Z G Z E S I J N S
Z I G B L O A O X R K R T R F
G U B L O G E V R N Y R X Y V
P X C Y E I L L O C G E X D F
A F C H I H U A H U A T P Q A
```

21 ART

```
B O Y G W M W T D B D Z O K F R
O Q J P A Y S G F C U W F R P K
E F J A T O L T L D P Q W J O O
U L W I E S E P A C S D N A L O
D R Y N R C P O R T R A I T Z U
B E E T C S P P G D U W D Z S T
B X M P O V C Z M R Z V O K A X
E E H A L H Q U P A C L E S A E
H E S R O P O B L W K T D B J C
G R U Y R W A X N P C Y T K E I
A E R W A O F O S H T O Y S M W
L R B C F G I U Q Q P U F C C Q
L D U N L G A A P Y K L R P C T
E O E V C M H B D N N V G E T R
R A B S T R A C T T C A N V A S
Y A S J O P J D G J O D R Y N R
```

22 CIVILIZATIONS

```
R A G B Z W A K E V K E Y F S
E G U I L Z J B S T K B L H Y
S E E O C K H E E Q R D M A V
L G X X Q Q C S N S O F V I Z
S Y V C E M J E A Q H Z J M B
C P I Q Z U N N P T R O M A N
N T K U H U F I A X K Q X T V
B I I S T E S H J I K B N O H
O A N V O D C N F K Z S P F
M N G A I E B F C J Z K W O I
A S S T S N A I S R E P R S I
Y R P R U Y D Z T E T O G E Y
A C P A R N E F R G H S A M W
N A N P J C Q G G P G E V B E
S V S S O I N C A S K N K J J
M Z U R F Q A E A Z T E C S D
```

23 COOKING

```
C Z L D K I L U Y S U J D V F
F T S L I P E B K U E A F J V
D K K S H F J P M F E W D N S
Q E T I G O I D Q N S W I E F
A I T J Y K L I K D I C L F E
R N K A H P I D O W J H L O G
Z V I O N C O Y U B U O I P A
F V O D Q I B H S I K P R G X
D S N W C Y R Z Y B S U G Q E
Q S M K D G P A E H I I N M E
E N I F D R E S M V H K C H K
C W C N J E Q O U U W W Q O A
A R E X X I K Z S E A S O N B
P L L B E X I M C F R Y Z J S
B H Q J A Q P C V T S Y W J P
L H A X Z D N B H U S R O C Z
```

24 INVENTORS

```
W G M A F D S M M S C R Q D K Z
M K L R R B W G W C Y I R A I P
L D A C C S X N T H G I R W X W
B R F H T E G A L I L E O X P G
J V Z I W N I Q I W D C J H A V
C S U M O F Y N F N R P J W M M
W W F E F P J I S W O W P M I R
C M U D N W Z C F T F D Y Z T O
E E I E J Z B N B D E P P R U T
K Z G S J Z H I Y F Z I O X A I
N O S I D E T V P A O D N H O V
N O T W E N B A P I R F G I C K
L H L E B O N D K I N O C R A M
M L I N T E D N V X E R M I A H
R P E T L D B G B F Q Q Y Y D C
S P P B L G P C C X C A L S E T
```

25 PREHISTORY

```
C T C A F I T R A R L T I D P
R E R E H T A G E B P N C I S
M V F N F M I T W C A K E N A
Z A C H Y G N T D J L F Z O N
E I M L R U M R C E E F C S T
O G B M H N T Y L U O C A A T
J H A U O H Y N X D L I V U M
G D H L M T V G G K I S E R K
R I B E I O H Q M X T O P D S
G A E N O T S I R K H C A S D
U R C V C X H V T U I M I Z L
P R K F K K S H X R C Y N T R
P N E A N D E R T H A L T G X
W D M K J Z L Z V K O S I E F
A B V Q O E T U K H F J N S D
G C G D I X V O J R X S G I Z
```

26 BREAKFAST

```
H R C V H J S D U I T M R A W K
U Y G P Z J E O K E V D Z F R C
M K F I Z E I A L A E R E C B I
P H G P F Y J T L L R B R U P S
M B R F L G L M M S Q B T X P V
L A O X E E V E N O R T I R Y L
Y C O D G G I A V D E F S F O J
Y O B A M Q N L T R Z A J V T O
O N B Z Y G B S S K T T M T Y B
G U E U I U H N A Q D U S W R L
U J U I C E S W O L F V K B G A
R N Y G T F S U T E A P J N F H
T T U S Y N D C O O U C A B R A
K I K F D H M W V W T P M N Y N
P X F B A N W V Q V W L K S Y L
E S E E H C Q R E L F F A W W Q
```

27 PETS

```
A M S T E R Z U L G U Y X E H
C Y C P E I G U I R R L S V V
H U D G B S S O C C A M C U V
I G L L I M I J D A X B X A H
N X E K X P Q W R J T G B H T
C T P S U D A E R T T F S I G
H W H W X I O E X Q I L C C T
I L K M A P G R N S L T W Z G
L B A S Y M G N H I H L X N V
L D L V Q O Y M U E U A U E I
A C X W D U B I R X Q G O P T
E C Z T W S G O L D F I S H U
K B R K G E C J C O P P S S R
A V W B P R A E I L I T U I T
N P Z T E R R E F M H Y R Q L
S R X V O V A B O N X C W Y E
```

28 HUMAN BODY

```
B W S K S Q S W I R U L Q D C S
H F J F T S E C R R Y X U F R M
M M K G K T W X T Q R W H E A D
C U W R H O H P P X G P Z P C G
H T K U B T T N O M U S C L E X
C P V L G R U T I V V A T A N D
D K E B Q V O R S A O V P P L M
Y N N Z N U M C R L R O G E B V
H E O Z G A Y Q I Z G B M F G S
N E S E N U E R C U Q B N Z G T
X E E O U F U E V K A C W C J O
M L N J L O U E G F I N G E R M
Y T G A R O I A Z J J L Y I G A
T B T U F T G A D S W C C D V C
F D K O R P R Z K C M E Q J J H
D L W B A M Q G H R P I A A P J
```

29 SCHOOL

```
X O T E A C H E R J Z D L X B O
X Q V H R Y W B Y N X I Q L L W
F V L M W Y A C P Y C P H P Y S
G N K Q P C A Q W N N C O V W O
F Z L V K H O M E P X L M A I R
P X W P C O X P K J Q A E B X S
H A A G N I D A E R D S W M N X
R C P G Z C I E Z U U S O R N J
K G U E C N I O O B U R R S Z T
O T F J R O V K W O D O K L J R
H K N R E S A R E R G O O Y S K
I L U E R P K Q J R X M Y B A W
I T A E D B D R A O B K L A H C
U H H L C U S C O L M D G M H U
H S F G N I T I R W B P G K K E
W W V A Z Q A S M V B O O K T G
```

30 CHINA

```
F W G A N P B V C R O E N B R
B Z V H W B L M W B J S B U H
U E M Z H Z V A C I N Q T K M
I K I I I W P S H A N G H A I
B A V J H W A V P Z I U A A C
N B S E I L L A W T A E R G
L E R A K N O K F D A U D C A
E X H Y R L G T X P F O S M D
N I R A D N A M U M Y I G Y P
L O R J F F I N Q S B P P F B
U K F P Q F S D D U M P L I N
E C M R P L I A F Z M T G M J
P B W F Y Y L H W M E N E X V
R B H F E P K C T D I E Q A P
V R I C E H A R G L A N T E R
R G L A D N A P D E W D S K A
```

31 GARDENING

```
W I I L E Q X B R D Y K J F E Z
T W C W S W I M R S X T O P P Q
I X E K A R I O P D N S T K T I
X L E S O H B S U N L I G H T N
N C G L B O F L O W E R I K X N
H F G Z T N Z K L A J F D T J F
K W T Y U D D P Q I Q M U D E A
C C R C O B A F M S U K G Z L O
B R E Z I L I T R E F K B I L D
R Z E D V S A S H Q N K O R F H
O O L S H R U B X O T S V G P J
R L Y I A D P X O I N P E M S I
T V C J E P U K Z B N X J E F M
P X V E I M F L E V O H S Q V E
V W S R P L A N T F P V H S R D
N G M J Y C P F C O J F A C L R
```

32 MAGIC

```
E N L L E I D A V K B C A G O
D D U R C V C N I O G H V W A
K T R S V T T X D H K D S I G
C R D R N R E R E C R O S T M
D I S A K O N N I D V V Y C R
R C P A S R I P K J I X W H F
A K F R E C P T H Y V D N A W
Z H D C H A R M O U B B M O L
I Q B Q T F M D H P L N B U J
W C D P A M U L E T S Q N E Z
Y K Z N J Q T Z U Z H A M G O
A R O S S A W N O R D L U A C
Z P W T W N Q A K M N P H J G
U R Z M B O Q Q M Z W I Y B S
L M N Q O Q M X T E S R U C E
R T U S P E L L F U I Q Y U I
```

33 MOUNTAINS

```
Y P Z T H Z K O Z F A A E Z U J
G L A C I E R L P D A Y O F N X
D F I E P L A T E A U P U G F E
K N C J S W D I O V E J U Z B S
K O Z S J H Z F S A I U M H E Y
P R V A Z I V M K F L O R O A E
Z A A Q Y M W T A L P S I T S U
F J L M B A S E C A M P H V Q I
H N L N R L D R G W D M Y Y C O
V A E I Q A M V T T F X R O F I
X M Y S C Y Q C Y A G H J F G P
Z I S H S A M J N U D I V I M K
V L P E N S E D I X V K K Y F A
U I V H Q H E Z E V E R E S T J
B K M J H S A D C B M I L C C D
H G X U O N H P K W F D K J M E
```

34 AUTUMN

```
P U M P K I N V A R L M V N Y
O A B A F K R Y L U N K V I N
E A L Y M S E O E I E U L T E
J T R S R F B G Y M E E S P H
I T H C Y K O V Z I W W P I W
I S I A Y T T S A C O R N Q I
R D E R L A C S R A L L Y Q N
E M N E S I O H B V L Z C Z D
B J E C E C P P W I A E P S Y
M K U R P O H N Y O H F T W D
E R Z O T R V I R W F H V E K
V S Y W E D P P L O A Q G A M
O S G D M S M N J L C X Y T E
N O U D B S A F U Y Y B R E Z
R A S P E Y E D J I U S B R H
Z E H Z R S D D L G D K E B N
```

35 SPICES

```
Z D T N I M U C Y Q Q A O A D
M Y T O R E G A N O K X X A S
E M T U N P X R E P P E P C L
D V R X S I A K E R G R E V M
I K U T H L H P N X T G Z B X
C S H T N I F J R O B S R T Q
I S K Y F H D T D I I R Y N J
L E Y D B C B V F E K K R P I
R N O M A N N I C C K A O Q C
A Q F R I S T K R G H N S A T
G E J I X J C B D W T C E O E
H X M M A K E P A I I S M E D
L U U Y I R W S H S C P A P Q
V Z I X H K N S R J I S R C X
M X K Z S T M D W T K L Y F E
A F F R O N C G C M S L M E A
```

36 SUBJECTS

```
Y G E O G R A P H Y Q Q I C F Q
Z H E N G L I S H J G J L H Q S
J Z Y Q L S T N F L J V O E O N
G T G S K W X N J U E S K M P M
D Z S Q Z Y Y X F R I R Y I H S
M P Y T K R R W A H Y J R S Y K
B R E A D I N G O G U V O T S A
N V G I B I O L O G Y X T R I U
E B B B I E T L K M A E S Y C Y
K R G C B A O I X P Q X I F S H
P P D I L H X X G K Y Z H B T Z
A T R I C K L I G T Z H M A J B
N R A Y H C H N J B L M M L U N
R A S B U O S C I E N C E S Y Z
B P K O R S F B Y G O A A O U K
C Y K Y H P O S O L I H P M M L
```

37 TOOLS

```
S A N D P A P E R O L W I Z T
Q Y I X O X F Z O L X M K R S
G K N V T J P A I B A X F E B
O U T I B S M R D P G W V N S
T S C R E W D R I V E R H G Z
R Y O X E U C P I N G A B P F
J J Z Q D Q Z U Q X M Z S S J
P L M A I T A F Z M A O N Y W
O I E C M Q L M E N X F V O R
Z X Q R A Y G R R B U A L S E
C L C H I S E L W E J G L J N
Y B D C U Q S K Z S D J I Y C
Q S R E I L P O Q A M D J X H
T Q T C X T W I V T Y A A N Z
H A N V I L M Q W A T G F L S
H Q V A O J G H L E W O R T A
```

38 EUROPE

```
L N I X R D N A L R E Z T I W S
V J P C Q K T Z S B V Z U L L V
S P A I N M L A G U T R O P F J
Q B V B X O H H M G N Y C M R Q
H X E Y V D G N O R W A Y R A T
X J V L V G O Y N A M R E G N Y
K E H G G N X S E U A T U I C Z
U O V V B I P M O N O B B Q E N
E K U D J K U T H J S B C I D M
G R Q K V D Z M O E D X K G N N
F V L H N E A G S X J Y U B A G
I S S A J T N O N W A Z D K L D
D Y A R Q I E Y W X V J U I O Y
S W E D E N P V E C E E R G P V
H L H N L U D Y L A T I D Q U W
R Z E Z J H X X Y G M I X V H W
```

39 NUTS

```
T L Z B N E V Z W T P E P B T
N O A S C O C O N U T T B M U
P E A N U T C T W A L N U T N
Y Y B Y B O F Z G U A M L O L
N O I H C A T S I P I N Z M E
V S J Q N U X X C L M X A Y Z
O O D L P Y L H D R A E Z U A
T D R O W I E O B Y D J D J H
Y W T E D S N J J K A N U D G
V Y H R T N O F U G C H S N A
R S N N L Z M Y N T A I S O G
A T U W A O D D Z U M L S M S
M T G A T W J T J N T D W L R
L L H H L E D Q Y A A T S A N
C H O K Y M P E C A N V P X D
V J U G T U N L I Z A R B V G
```

40 INSECTS

```
R G R G P H P Y P M D F L K K A
R U E C N Y J L U D A L O P S N
A B D H Q N B F A B J D W N U R
K Y I I M E C R P V P L N F Y W
P D P Q E E K E A M T S M J L N
P A S T N X S T W V D Y A E F N
L L L O N Y G T Z E X I H W N N
V E X T S M V U X Y V U C D O A
I E Z L U N I B W E K F A N G F
B M G V X F P K L H B Q O X A G
S R G C Y P L P O H C L R O R Y
F I Y V B J R P V C S I K M D H
R A L L I P R E T A C Q C X B B
D N B O T I U Q S O M W O M E W
E G T E R M I T E E C R C R E D
I B S W C R E P P O H S S A R G
```

41 VEGETABLES

```
F I L O C C O R B A L L Z U U A
I K T O L B F M K B I E Q C R H
S P P F M G U E F N H T R K E Q
N O H V D S N Q I J D T D Z W D
S T B O H Q H H T J X U G E O H
S A H R O R C O X C D C Z H L I
K T O F P C U J Z P N E F A F K
S O Z H U X T O M A T O H L I N
M C T Z K B Y A M M C K N Q L E
A L C S P I N A C H U E B H U F
U T M G Q O H P L C C Y P X A E
W P T X N P W S V E U Q B Q C Z
Q H H J Z M F V U M C I R W Z
J X O R Z E U C G S B F Q H H
M N M F V D R Q G P E P P E R V
C A R R O T S T N Q R N Z A N W
```

42 PLANETS

```
K D Q R A J Q U S J F B W K
U O P T S C U N I V E R S E
X A Z E Y O G Z F S R W D Q
L W G L G R A H S T D O R B
B M G T W V M R E N U T P E
H R E J U U D J S S S T S Y
W Z Z R F S U P B P S U C T
K S N X C P K X A S A N N C
E C U P I U P B Z I U Q G E
Y K C T K N R V Y X A L A G
K G E M R Z S Y E A W E Z B
B R C U J R Y G J H S G Q P
L U T Q G L B I I S R A M C
G A F R Y C C H D A V G J H
S K D Z F U Z T K S U N A R
G U S H K K J I V R D M Q M
```

43 OLYMPIC SPORTS

```
N A I V T Z Y R E H C R A V A Z
Q G S U N A S C N B M Y O M N E
H N C N D Z B N H D H L N D O G
T I I L Q H U L T Z L K U H T T
Y L T L I Y A D E E L C Z F N A
L I E A C C H Y Y T B R X K I Y
K A L B H O N B Q R E D Y J M H
U S H T C T A N W N B N P L D G
J L T E X L V Z J L T I N U A N
W X A K L A Z O I I H A B I B I
Q Q A S Z V B O X I N G Y B S T
K H F A E S C I T S A N M Y G O
X O B B D U S K O U R X K Z M O
X C G N I W O R F B R V Q D N H
G N I C N E F K A T G Y U T M S
C W N L V Z N S L Z K G D Z Q R
```

44 SUBMARINE

```
P N Z R E T A W R E D N U Q
A W Q M L R Y G L V C E J T
Q N K R B C Z M W P H G N Q
R P C G Q O N A E C O S J
A V W H W M G T M T O R P E
N T Y L O X J B A T G I K U
O N C O Y R S J E U H G F W
S C Y R H E D S X A Q F D H
K E B V M E I E A E Z A X Z
E L S Y P R O A A N R Q H X
S A G T F B Q L X I A M I A
V D H Y Q J S I P G P S D N
M X H I K G R F N N K R A N
H U C Q O X J E X E Z W E W
I E P O C S I R E P U X N O
L T Z S J U K W Y F H K G U
```

45 EASTER

```
H C B E F H G N I R P S F M R X
O Z J G S X H S Y K P V E A O Q
L B F G U Q K O G O U F D Y T R
I U Z A N B I C Q T C G F R V E
D N T V D R T F L R W U X G X E
A N T N A N A E B Y L L E J F V
Y Y G G Y R P H V A T Y H S M H
F F T M B T G U M H B L F U N S
M B O E C D C H C R U H C B A P
D N O M K S D H K H N Z Y F I
C S Z N O S W X Q I C A N D Y L
Q S U A N C A H G M A H G U I F
K V M P E E F B K B P G Y R Y N
V Y L I L I T W M M L B P E Z I
B T O F U K O X S R Z A M N P B
D T X Z L L E E H J O V W Q O T
```

46 ROBOTICS

```
T H H E D H D N C S L M W T D
I I Q G A Y W I N G N A M N E
I U U J W O T N T G P R A Q T
V J N C H B V K G W R G C A S
F L H B R L N D L O D O H Q C
F H X Y U I Z K T U V R I L V
X E Q G O Q C O L C E P N T C
R S T O Z O M L B U Z S E V M
O F U L B P W T D G R T V H D
S R M O N E D O C H I P L B Z
N L V N R E M O T E F H U F D
E S I H F R E L L O R T N O C
S M W C B T W O V S Z N J S V
F R U E I X H D O N X Y D K U
E H I T P A R T I F I C I A
Q W D X B F Q F G I U I Y E N
```

47 VOLCANOES

```
N A U J Z C T A N K L Z J F L
D T L F L H P M A G M A T N S
G C I T E Q Z F R N G Y E O T
G O K Z Q Q U I E I V S N Y F
E L Y W Y M G A T W J O O F A
J M F Q A F C P A B R D I R S
K Y M R F A N E R A M L T D H
L L O W V Q Q Q C U T O P I I
K L S N E L E H T S A X U W Q
E U D B N M U T M Q W X R Y G
H I I L T O I R N K M S E K T
O N B Q T E C T O N I C T I J
Y U M H Z G A B T U L W N J P
G W Q J N I E F G H K Y A U Q
Z T O Y G O L O E G J B O F L
S P G C R F O I S R W Z L T M
```

48 AMERICA

```
R Y J V U S I F J R B R A Z I L
G J X Z J X T F L U E A I U V J
K I Z G L W R C F M T E P E R U
C R C F Q A R A M I N O K E M R
X O N F H I E D R R A L A S K A
H B H B A B B A Z S P D P D N L
V K E R K M V N A S S O X L T A
R I N V L U J A R R T A O P L N
D T L Q C L Q C G B A N S E R A
A Q F E Q O Q F E E P W R U M C
O B K Z W C G G N I X K O E O A
O C U X O Q N B T O M X X Y V M
D H L C B A F J I S P I T G X A
E I P U T J Q V N R C G R U E N
O L E S F X H P A O P R T D U A
W E B T N O Y N A C D N A R G P
```

49 SAFARI

```
M S W Z A C M O P S M E D V A
B D T N A N T E L O P E Y W N
W M E J F L H K W S V E N K N
F Y N J U O H I E P M L Z O A
H F V I L G U I P T S I K B V
G U U A X D X E D P V D R R A
B Q F N A E P F Q S O O Y E S
C F E Y H L E F A F V C A A N
U F K Y Z L F A A O Z O E A L
O W I V R E Q R V X R R V B R
B U P J K Z J I K W Y C A F V
Z R K O W A B G F R H R R H X
U K V O C G T F U I H E B P R
T Q V A O U H E F J J Y E E A
Z I M T Z S A T N Y H L Z E E
N A H P E L E O K A L D F J P
```

50 MATH

```
F N O R B D J J E J H T Z G N J
B T R F R P W T S N J P O E X V
I H U Y Z K E N D N R W J O G R
P E P P D S H O M E H Z M M Y E
D T M A Y F J J D I V I D E E B
L K N T C A R T B U S U K T W M
R R E U S R T T S A D D M R X J
S R G Z O P N D Z J N R B Y W N
D Y I D V C I D V Z Z Q C B O M
D L E G P E R C E N T G E T O W
N P Y X F R A C T I O N R J P Y
D I Q P D M P X N E F U A A P Y
M T W Q N X H I S M Q T R Z P W
W L R C N D M U S X H B R C X H
Y U W F A R B E G L A J P P A O
F M Q S C G G M L S F M A V J F
```

51 CHRISTMAS

```
S X S P X T L V L P O C K R V
X T M G W Z A U Q P Y W N H D
T W J J S M T Z K K O U E W G
A O R N A M E N T H W L Q U Y
O Y S L M R S W T P R T Y U Y
J T C A R O L N Z A E Y P U T
H K E N W R B T S V A V A J W
G P D L Z L G W D H T K D A X
J X A V T M F P M M H V Z J R
B F L O I S T H G I L H N H P
K G L K O T I N P E L F U J Y
J T W U Z E S M J S A T N A S
J I N G L E C R J S W R Z N I
X U G H W J T N E S E R P T U
A T G G E Q G N I K C O T S Y
A X Z I S H W Q B S L E I G H
```

52 CONSTRUCTION

```
O X H W Y A F M U T Y O S D P E
Q N R T N E M E C P C U E N R V
I D R G M D W B L U E P R I N T
I E G X B P F O R K L I F T A U
Q X N S Q U H S C W G N Y B E E
P C I X K K L M W C C V I C G N
I A D D C N C L E C V U R R J G
P V L W I N P C D W T E A A J I
E A I Y R F L E T O P B J N Z B
I T U P B I C Q U A Z J F E O F
A O B V H B J X R V Y E N I C X
H R S S W H O C C U V S R O V R
A H U P V A S T P L U M B I N G
S F L F I Y O O S C A F F O L D
I D R R K O J L D X K W Y L N D
B A Z S N E C R C T O N O E D Q
```

53 CIRCUS

```
C M Q L Z B Z A V J T M J I T E
E C N A M R O F R E P W N R U D
P A D E C B V I P S Z J N V P H
E W U N T D A N O O L L A B K O
L K Y D Y O H E A V I M K E O O
K X J Q I D P A R A D E I J X P
Z N E G S E H V G M L A P F C T
I T L Z U U N X N D R D D F T R
F E G Y R S V C Z D Q J K R A A
Y L G Z G U H N E C W C J E B P
A C U D Z R A T U F U I Q G O E
I Y J J J Q U E E O S U L K I R Z
K C V X S K V H G H H O D T C E
Z I G P C Q C M R L H O D O A J
V N B I L N B Q F X V Q W Z A O
Q U T B O Z N N I R Q A X N Y J
```

54 ADJECTIVE

```
O S H O R T N C U T H C T O T
I Z L L T T W W S L U O B V S
L B R U H E F L E I E F D I C
M U K A X Z O W E D P A F R Z
S U T X O W S Z D X G S B T K
S U H O C A P M J O E T C R A
H T P V P O L I A U A F A S R
M B O A E E K H A L V D P N X
U I A G Q Z G B N Z L T X H Y
Q P P C R H Q E O Q U N Q M W
K J R I B L Z O P U U L E U F
J A S L R N R I G B X Z G J
J X L V I K S Z L E M Y P P A
B A Z G G H T O S T S A P L T
T U G D H T K A W T P S Z U C
B Y T P T Y D E K L O G E A H
```

55 FESTIVALS

```
U C C I S P X D U V D G G C C X
S P I R Y S A M L J D T C H S E
B K V S V Q P L J E M S O P T S
K Z S Q U F B L C E N A S A I L
B L T A S M A O F T R E T Y W B
S Q X K M P R V E A O F U C X L
S N V H N A T L Q R C W M F H A
M D D F T U G L L B B Q E S Q V
C O W I O P G K V E Q F R K D I
T D O O I R W N A L D X D R S N
Z N D M R U M B G E M X P O B R
D N A H K C T U N C W U D W P A
Q J B A N N E R S G Y C B E F C
Y A D I L O H E R B U F F R H P
P E G H D A N C E O V X I I K I
V E D A B M G O U S N O B F M S
```

56 PHOTOGRAPHY

```
V Y T F W S U X T H F V W Q S
B M I M K R J G I W O Y O A F
Z Y C V L Q C O A V F O D H S
V D F F B T Q P R Z F H A W M
G K O N J E Z Z T T U S H G Z
K J U T W Y O H R T I F S H J
O D H J C M M A O K J G C S Z
C U W C P A X B P C D R F A F
Q C L M P R P I C T U R E L T
R A Q B R O D R Q N O X R F H
V M X F D X M S M P O L O U T
A E L A N D S C A P E W U Y C
H R P H H Q T M T S V F Q Y Y
P A Z K F I O E C Z J L I G H
O L E N S O W T F O U O H K N
G F H U Z F O C U S J F U P C
```

57 GAMES

```
W X B T I L D L F P Y D J Q O N
S O G E L I K A P O H B O Z A G
A J G O N C E A V P E L D V T V
Y Y S S C R A B B L E D F U H C
K Y L O P O N O M W X E H G M E
Y S U J N B I N G O G Q S B V O
W B D E T H I D E A N D S E E K
Z P O B Q R W R D F Z K E A Y R
X S R E K C E H C O E A H W G N
C R M X C A K I K C Z L C W R I
U Z C E Y J Q L E Z A M Z O Q R
A L Q O M B M H K Y R O P Z M S
D O M I N O E S P I G A O O U E
R I R I W W R L K M A N G T J P
W O D X U I P Y A P C A R D S P
S A N Z Y E J W R G B V I Z Q P
```

58 PARKS

```
M F W N A F L R D U S S M G N
G S F V M Z W B L N M L L W A
B Y F O U N T A I N L I M I C
Q D N U O R G Y A L P D P O V
H C N E B N T X Z W Q E B T I
Z S Y A N V G N N Q W S Q P I
K O V G A S I D L K P I C N I
S P R O E Z K Q K P O N D P N
N G J H S W I N G V I K E R D
E R T E X T F J I I Y A Q R V
B A N V J P T K A O P R E G L
P S W G N F W S L M I E Y M A
C S N O F P D R A O B E T A K
H G T V C J W T R F Z R R K L
W N E M I A W M Y E L X G C S
J O G G I N G S Q U I R R E L
```

59 SPORTS

```
A Z E V P Y R O K Q R R K U G
G N I T A K S H U T C T P J N
I X L L A B Y E L L O V S U I
V M C G N I L C Y C Q X I J X
H O C K E Y Q X B I A H N S O
K G A K A N V X A G L Q N A B
F F N P H J F H S O L G E Y H
R G V H Y S S B K G A B T T X
P A E Q P W A C E U B U A C K
W E R L I S R M T W T N G H Q
J B Q M E U M S B M O J N I H
S X M B G A G I A L O B I P M
K I A W Q P L Z L D F W N G M
L V N W O L O L B I Z N F O
L K P Y Z T S I Y K M M U Y W
Z G R L M U H F X Q Y T R H V
```

60 OCCUPATIONS

```
G B V O H W R B N D E S O W A A
A A O I F I X U O C O L C W E R
I K S Z B Z J N I X C C Z B Z B
J E S U P W E L E V L E T A T R
E R O T A K O W S V Y O R O H T
M U K G H P G W R P B F C A R S
C O E L X K W A U A A I I L P I
I X S F E H C X N R N R S S D T
N R E E N I G N E C V E J G Z N
A M S F I C K N Y H S F U S Q E
H B K S U C X S G I G I D E S I
C W U N X Z Q A D T U G G Z W C
E A T X I M H N B E M H E E V S
M W D M F B C I A C M T V S J C
J N K D E N T I S T P E X N Y S
R I G M B M P J U T V R Y S X
```

61 CITIES

```
Q Q K K O D W V K J F X X Z H
J U Z W D J X Q C K P Z I F O
P I H O T E L L O O H C S Y I
A W L R A I L I B R A R Y O Q
R Y H D I Q Q R E T A E H T I
K O J J F Q W H F P F S G R
L C E D M N O G K R T R S V R
M U E S U M G O C G Q N D F X
G D I R B R O N N D T I N H F
X M T N A R U A T S E R N P V
O H D J W T P B M Z V B S Y D
J E J R U W Z T E B H P J X Q
H T L I C Z N D O Y R M C X S
R O A X K H E O U W N H I Y M
L J G T X B H B H Y N I Z I L
K H S Y S Y U K T E E R T S T
```

62 AVIATION

```
K J P E N A L P R I A U P O A U
W W W Y Z A G F U T P C D D U S
A D M V O H A L T Q L C C H P I
S L A N D I N G E O H A N G A R
J B T R E A P C U D F H J E T C
D C O Y L I R D U Y H C I H X W
F K L H W R S E T U H C A R A P
Y D I M F P G G M K J U Q O O R
M F P C T O U R P P T M U G A
B H O K S R P B P C P H B U D J
T V T U Q T Y L H L F Y Y K S E
P P I R I H E L I C O P T E R I
R U N W A Y I X V E L B E Z Z X
M J F V G O W F A R A D A R B Z
L Y J H G K X M R L F E T E Q D
I P F M G E P O M X Q X J T M J
```

63 RAIN

```
D Q I P T I X P P X S Q B S S
N G E L U K M A B O X A X D X
Q X L R E B L H P E M F Z U J
V O D R S N F S O S X X I O Z
Y L D B U W N G E W S G W L K
K I U I U M B R E L L A W C A
N U P E H S T W E Q R O V A M
P L A S H G P V T Z B E Q E F
G F T H U N D E R N C D W D O
N S V W Z V Z E I A E T C U L
A I N C O A T A E N B W S M S
C E P D G D R H I S Z X C Y P
C B O D R Q L X C J H G M S L
E O K E W D R I Z Z L E P E S
L E Q Z A J T O U M A T P Z Q
S E S P O R D K K N M R O T S
```

64 PIZZA

```
L Y B M A R G H E R I T A I Z A
X R G Q U M Y T Q R U Y M P W Z
G C U O H T O M A T O J S X Z M
I J B C V C K U G U O P B G O R
T K H A J R N A M C F D N Z H V
A H X O G U S Y D S W I Z N C F
L X A G C S L E E R X A X M I W
I J E M R T I H T S R E W H E M
A N K P Z B C D S E E H V Q D W
N E P W A P E A L P I E G J L U
K V K I U W U L U Q T R H U V D
U O I L S C A G B N O Q C C O C
Z V Z M E G K Q M H D I F Y D
E N N I P H M N R O R K G O O R
Y P I N O R E P P E P N S F N J
I K J Y Z N G W S H P B A T C M
```

65 MEDIEVAL

```
B F S Y C O D Z F R D E T M N E
F A K T H D G F K O K H Y T Y U
Q L O Q T D L E I H S N A N Y D
K C F K H X A P Y M E K R V P Z
Z O F A U T N D Y U Q A M U R M
N N K I G Y Q S R S W O R D E O
O R W K R F C H I V A L R Y T A
E Y X O O V S R T D U W U L S T
G P T T E U Q N A B N G O W E C
N L M M S K W R X Y X B J Q J J
U M T H K E V D W M O T O N P T
D E B E L X U R D E V O S V G G
P V X T R W I X W H T F C A S X
H Y S Q M R A G M C V W M T E J
A A L I K W U K X L V F A Q V F
C H A N I C Q T C A Z O I A K O
```

66 CAMPING

```
F Y K M U R F I M N A Q K X F
N K V Y W V Q A Y R S D J V E
K P D M M D Z Q W E J R K D F
J W T E G C H H W T A V L B Y
Q X N Q N A I T H N E V M C D
N X E O I M S P D A S L A U H
G D T A H P S C N L X F R C M
K O H Q S F A W K U J Y S A C
I Z T L I I P R E J X S H N M
F N U X F R M U K K R Y M O Z
I A A S O E O G A O A C A E N
S E A T F E C E O K U L L F J
Z R U R U V I D O Y D T L X K
J K O G C R T M C F A Q O W E
Y G V E S U E U B U L C W A C
N P V E O M A F G V Q H E R V
```

67 BATHROOM

```
P V X Z C F I F T W X O K K T F
Q A Y B S E M P A Y Q R Z F Q V
C B O Y H K Q R N U T L B J J R
T T S S O B T N D W C H L R D P
O O S A W V O O R I B E K O D R
W O R J E I E D T J R Y T V Z L
E T M A R H L B O B X B A T P H
L H T E Z A D O O P M A H S Z B
H P E A K O H L T W F X T D A T
M A L L D M R J H U D G S T D B
C S I H S T S T B A R Z H N A Q
X T O H V S M I R A P T A N K M
H E T H G Y I S U G U D R A I N
D A Q M C K G S S B T J T F T P
H M G I G U X U H T O D J F J T
F Z P V A U E E G J D I F E I N
```

68 DESERT

```
S C X K N D F D U N E Q W T J
P C V R P T A P F U E D S N F
V A U P Y A C M R D U R G O L
B M L W F A S F O B G A Y I W
Z E Z J C C M L N I Z Y P K
D L Y T Y F A C I R V I V R Y
H S U V B D S Y D A H L W O K
O S I B X S I I L X T O E C F
T H L X J V R Q R M V A S S C
T U X C U A N J M T Y R H A M
F B H F S D P I C I K J W Z N
W T A E H B J R W J R K Y A J
A Q U D V N Z N U E C A O K F
J Y U X E E H R P A L M G E F
L T K F M X C A N R N F W E X
V Z O A S I S P V B V V Z A B
```

69 HAIRCUT

```
I S T D A H T U N V I K H K J G
N E W V K Q S S O C U R L S H G
O O T W L G C E Z P K K U D K D
S W G G T C R T W J S U E G G N
R T Z D S F L P B J R L F P R A
E Y I J I C U T A I Q L X E E B
P F R O L P G T R D G P J J V R
P M P T Y E Y J B Y J G X Q W I
I R Y X T Y I L E H L F G X K A
L W T D S I W Z R B H T A S C H
C R R C O N D I T I O N E R O O
Y G I S V B N O L A S V U C M T
U H M S I C F G D Y K I P L B J
C M Z W U G E N A B A U X E L T
N U E B T L L I A T Y N O P H Q
V U C E C H O S R O S S I C S I
```

70 ICE CREAM

```
D P U W S A A V A N I L L A R
E A D N U S F B X Z G B S U C
F R X Y F R J E K A H S K L I
G D I N O B S S F R Q F M D T
W S T V R Z F S J W Q E Z B W
J E A T A M R S N Z D F N A C
M L G X A S E T V N Z S S O J
F K L P W C E R G F V A P H C
X N F U O O Z A S I I I H U F
E I N S T O E W O F S A V O X
Y R Z J O P R B R N C Z C Z R
C P S R P B U E B J W O G R L
F S N H P T R R E Q L Q M Q N
R X G U I W C R T A Q Q Z A B
F P X C N I K Y T D A B K A J
S E W S G R O E R F N A E P Z
```

71 CREATURES

```
J S S R N L N R N M A C B X E
S D I V V Z V A M P I R E Z R
V T T K J F C R E C O U B R N
R K S D P C D C D D O Y W L R
Z O O F N P H L L O R T O G O
V J H U H V Y N H P R S F X C
H K G L A R U A T N E C D Y I
J S M M Z V K P B C E J I D N
A P C M I N N K U J Z T A M U
S D I T T N Y G P Z C L M O T
Z T L C Z K O J C Z I I R C D
E R E W O L F T J N H S E X I
P Y M G W T S H A L X D M A F
Q Q C B V L A X V U Z G U R U
W L E M O N G G J G R T H U J
H N U T Q U V N I L B O G W K
```

72 CASTLES

```
G W N I N S W Z K Y W R E F N D
Z A Y A D Z M H J C Q O M W T L
N L K M R B W Y H L G B L B Z G
H L G D U N G E O N Q I A X S A
R V F C V R I I U R M G U L I L
O P T G J Y H E G F O V W R F F
M L O C B N D T A S W N L M K H
R I W O A C U I T C O W B K H L
A V E U N Q B Y E O F O Q R F I
T A R R Q H E L T K W R T T Y L
D J Q T U L N Q D B N C T A A A
T Q Q Y E B O A K N I G H T O F
R I E A T V R K O Q H E Z R M M
B I B R L T H T I J B O S L O H
R B H D J D T N X S E M R Q X F
S G R P E U H V I H A H L N K O
```

73 RIVERS

```
W A K W Y I A A K S O T A L O
M P P W C J L H K Q B G I O Q
K A A R W N T H A M E S E E J
L U L L C V O L G A B H U T K
W W S V T F Z W I X O R P O E
J M E E C Q R D R U C R H D W
L Z I K G I C A U F W Z R A E
X D D S C N C J O O J H A R Q
D F H N S D A W S J D S T O O
Z Q B I V I V G S I L D E L A
H F F G M X S P I N B N S O S
T G J E O X U S M I O S G C V
B N Z R J K J C I S Y E L I N
V I O E H C Q S D P X S X S R
B D A N U B E U Z C P F A M M
D P W C H J H B J T F I N V I
```

74 DESSERTS

```
D O N U T R U Z U D M S N C C B
B C H E E S E C A K E P R I J T
C F T D L G R M W X C L N C O F
Y P F N F H H L A V D O R D P M
H T W C A O K N V Y O A O H F V
Q V C J M S A W R D J P A K P G
T A R T Q W S U T S Q Z G L I W
C D Y F X S F I L R P Q E I E E
W C R P U U D S O Y W V A K L C
W M E I N W O R B R I N A V T G
W D U I T G D K K A C C T K O Z
E A Y I Z Q C A I T P N E V L N
A E G N I D D U P U A F B Y O A
P A S T R Y Z S C J W L R E A O
G W L W S M U F F I N B O R I K
N O R A C A M Y O G K W S R N W
```

75 BIRTHDAY

```
V X E Y Z M S I R B D H L X C
N O P V D E G C W K T W B A H
V S I N V I T A T I O N W L R
F A U W F B O E L H B F B Z C
D E G Q Q U T L P S U J O Y O
N T Q O E A S Z J L W J N H F
I O V P R V N V I G B T G P C
Q E I B H T N E S E R P A H E
B A E T F R I E N D S R Q T L
Z L O S A E X F N F T H B T D
E N U F K R H A Y Y O O L X N
J P W A Z G O L J Q I R E E A
B A C G I D C C E S I B C K C
X C S F I V R F E D W U G B V
S V T S X K Z F E D A H S I W
G D V B S U R P R I S E S E T
```

76 PIRATES

```
P B D O S K P P E T P M X M K T
M P Z E O A Z O S C A P T A I N
A W Z D D B H C A D A U V K F X
C A K N A L P I I W V Y J N U P
O Q Y A A W F E L O F V K U N P
Q V A L Y E R U S A E R T U C I
F Z S S F K R H S L E W E J B A
Y R O I G C A G X H K K T L N B
F R O V C N F B S K C Q R R M A
Y O O E T T O L G A O H L M I S N
Y I D Y T X B E H O D N P L J D
Q P P L Z A O G L H D S A B B A
P D E L O X W V P L D G M A P N
L W Z O I G G Y P E A F X F J A
K F N I U K Q L C I D G T E V L
P H Z P F Q O K W Q C O O U E Q
```

77 MY ROOM

```
M H A V V H P B M A M D L A W N
A K Y A R V S N I A T R U C I H
Q P M W W K Y L G K N R T E X T
B K V M F K F F Y Z Y K C O L C
L H R G Q W I N D O W A R E K A
A O F S G E S V C Q J E O W X D
N I R J W O E P G W V W J E D X
K F O L T W B O Y B O Y H P Z A
E U R A N F S S S R W L Q B V T
T E R M Y N W T I Z X P L N S Q
R L I P O P R E P S P M N I E B
T G M A Z A D R A X N Z Q M P D
F D Y Z W E E C H X W X J T I E
J O R O S V O T E S O L C M H B
X I Z K Y D D E T X M K J L K G
F M I E S V E V M C G O O W E M
```

78 AFRICA

```
A K W E Z R A C S A G A D A M
I X E D G G H C O N G O F E J
P L E N U Y B O I I S F Y Q D
O T B N Y X P Q J J O P P L U
I O X S T A S T O F U B G L A
H R Q E H N O F G A T H O C I
T V U L X C O H W C H O R B R
E C O J T U A Q Z B A M U A E
J F F A B N T C F E F N N D G
O M R O A W O U E Z R X M N L
M C T A N Z A N I A I F H A A
V M O R O C C O I H C Q C G T
F K N D Y X D T T L A E V U L
Z F S I D I B A B J Z Q O F O
M X F G B N B D N W W F L X I
Y O N I G E R I A B F H S O U
```

79 VEHICLES

```
Z Y R Y N C Z A Y Q K I T P X M
D O A H N P Q E M D K G X A N O
R I E W E Q V Q L B E M V S X A
I E K I B F F N K D U Y N Q C I
I Y N W S U Y X E L Q L M N W A
P W V W O M S Q S R S Z A N N T
I Y Q R E T P O C I L E H N R H
O J O E C D O B C I M L Z U C O
E L C Y C R O T O M G F C H B E
H R H W N Z Y I W D Z K D X T V
D O D L I N T E R T A A C C X R
N T U W S F N A V M Q T W I Q H
I C J X P I V X K F F P Q H U B
A A W V M N R E T O O C S U F U
R R D U J T J Z M D K K A M U S
T T V T I I S Y G I X Y T E L S
```

80 RECYCLING

```
F O A I J Z P D P C J Y V C L
E Z Q T L Y H W P N L K L M U
C L C I T S A L P H U N I B E
C K C M E T A L N W M L U C C
K K J F K P E C O L O G Y I U
I U F R D C N A C Y E D A Q D
H E N V I R O N M E N T E K E
L Z L T C K I F G J I L G I R
S Y H V C W C Z C H H T L K S
Z K W U A B F J Z O V E A G N
Q E M Q R B U T Y J M T S C V
L R Q F T O W W J C B P S F Z
I Z Y N O T M R E U S E O D F
W Z S G N T O B R V T T S S R
K Z C L A L S C X U M Y W X T
V I M T N E K U H Z X V F K H
```

81 KITCHEN

```
W B O V Z V M N R T D H Z K V S
N U T L C M V T A O D P J I P R
S W Q F Z G Y D S Y S N O E J H
M M E M U X X S Y T B M L O U I
W I O P J H K U I B A I J Z B M
D C U D N J N W H V I V T I J Y
G R T W O X I D K W G U O K G E
B O A W O Q F P U P Y V A G J M
K W S H P D E K L S A L S K X Z
N A H N S L Y R A A H Q T E T F
I V O E H U P O U E T X E F X R
S E V Z H U P F U Q A E R O R I
T R E P C D W C N F Z T C G O D
S A N M R Q D C Y Y Z B E E S G
G F B J Z L X P Q V Y U W A L E
U B X D N A P Y Y N O M I X E R
```

82 JAPAN

```
Y D U O D U J B H Y O N W P J
I M L V M V Z O O N E Y P M W
E M I N A K U N B N C G Z N K
E W N K S R C O Z Q S V A I E
W D Q E P N C M B Q M A V N J
H I Y M P L R I A R O B I J H
F S U O L J E K Q F L M I A S
M G G R Z P I C Q A I M I H N
N L J J Y S B L M B M H V I V A
E L Z A U P W I A P G L L R O
X T G U S N B G O G X F U G L
P L A Q H S C N J E I M C K W
V M V R I D E U S D A R H X X
H Y A U A E J U G S D Q O E J
K F Z X A K M Q P M C K O I Z
D K I R S O F M R S V C F N M
```

83 GREECE

```
W W F E T A K B B P K O F E T
E U J A T H E N S Z O R K Y A
M R Q U X F L S F E R M A G Q
Y C V F Y D O P U Q S G O C I
N B B U W V J Q G S O P A L I
P N J G L I K N H I L H M O U
L C T S A E B O I V Y I D H K
A S A P D G S H L K M L A T D
T F O U F F T F O P O O Y H
O L M D A S V A F V I S C M Z
L X Y H B T S R N L C O Y A A
O C P F L P N A L Q S P E P S
P S V O A I X M X W Y H O R K
R T U R J T F Q J W L Y J B V
N W T G K H O L I V E M B A F
Q A N V A Y R K O S T D X J W
```

84 FARM

```
S U V Z O R L O D B G K U P N V
S M X L R F C A N R A B S M B R
K F Q O C N U I F P P U D B M G
M J E D H J O B U D Q L J T M Z
R O C F A R W H A Y L F O L S P
U K M S R Z D Q B F X E Q U W K
P K D S D V Q K H W O C I Z G C
V I J F P W T J H Y W X X F B H
S A G G B A C O L L Y A F V D H
K V Z N E U M P H F Y F L M E I
K F X H C S K B E R Q V R S A Y
E F W A P X O N N R V X E M D R
S V I T K F B G Y A C X M X V X
E S R O H N F E O G U X R Z R U
C S Q U Q D T W W A M A A B U L
J O W W L J K X C E T O F M R J
```

85 BOOKS

```
P B W L I B R A R Y G R P S G
C F O R W W Y S G V W F I Z Q
Y E B I F E A K P V A B L Z C
N G E R K F A Y V T O J M U A
K A U X W U N K K B U K D B C
Q P W P T B G Z R E T P A H C
T Y D H J A Z S N H R U E K B
Z R O C U E L T I T Y R O T S
Y R A N O I T C I D M Q X K O
O E C D D N O F Q N O N I M V
N T S H X F Q X T C O K Q W O
F I C T I O N T L O O V T K L
Y B C P G S A Z X Q O B E R V
X T Z B E M V R E V O C M L U
Q B Y H P A R G O I B U P Z E
K L C C P D O S H L A A Q C K
```

86 DINOSAURS

```
P D H X M F R F X S E A W G K N
I J A O X A N S W P X F F W Q K
J C T U O E U I I O T J V E G P
G I V R E M R U A T I T T D O T
Q R V G R M I T X A N D N C N M
J O F M O J L Q M R C B J A K W
G T M Q V Y U U S E T D F Z I P
O S T Y I J C S B C Z P Z V P G
Y I H B N Q U G B I A L R O W H
H H X L R N G M Z R R T M H U O
J E R B A A V A R T J Y S Y F I
G R F O C C I S S A R U J M C J
N P J N R H E R B I V O R E D J
Q I J E F H D L I S S O F H H P
E L M S F A Z P Q W Z Z M K Z L
V G B P T E R O D A C T Y L P L
```

87 LANGUAGES

```
F R Y M Q Y B U K N K M I X Y
N A I S S U R A K S U L O H A
V T F R E N C H X E J P N S M
C J E J E E Y B M E F S I I D
K R T S S Y F R A S X N D L B
A X Y E Z P U P E R Y N G S
F I D G U N N B F N N P I N F
B T Z H G K A F G I C S H E R
V A G V U Z E P X H I Y A J Z
J L M C T U R O A C J N A I G
N I J A R O O W V J B B L G G
G A V H O Y K A L K Y O F Q E
U N X N P C D O R I Q S K O R
F R L R Z J M Z I Y O O V Z M
T C I B A R A S L K X B X H A
D X W H C T H S I N A P S G N
```

88 DRAGONS

```
C L Z J V Y K Y U Y B S G O F L
A S C Q Q P B U C H W J H J U Z
U W W J Q N Q M F B X C F Y C F
P M K V C L T M M U F M A U C A
J T O E M B E R L R S X X B T N
Q E R I F U J R V S L L R U X G
K P N Q Y O D N A P A D N C C Q
Y L V V O U B B S R Q S C S O B
Z T M C H A E W E U E Y F X D R
S I V D F A V I X M Z G D A H E
D O E G S U V L E M A P N E T
E W V T D N E G E L W L F V Y R
M K A E J P P F W A C I F A M O
A L I H S C A L E Y B F N C L H
G V Y P C E J D M G B X Q G P A
X F D Z S Z B Z Y Y Y X G C S R
```

89 NORTH POLE

```
U Q O I O L W S K B A G N A T Z
N J E K E A A U F R O Z E N C J
X K T E H L L R E I N D E E R Y
R L E S V K R T Y T C Y G X W W
Z A X K X L U U L T A P E A A P
A I O I S X S Q N I S D Y E S N
U C K M A E S S O C F O W O P Z
H E B O M Y K A G E P O R P D M
V B T N M U D W R Q R O Y F G F
K E G L A C I E R C L L V N J W
C R K I E F J M W K T G K M R S
W G V R H B P F O Q U I C Y O C
H D A Q Z J O F N R X F C J M D
Q E A B T Y Q G S B N H S Q G K
L L J I B M F L K R C R W A W D
G S M O M N I H U G U Y B Z F N
```

90 FOREST

```
S I H N E N H M B S O F A K K
C V T E N L G O W G L M D V Q
A D H P I U B S A O Y S L A B
T H B D P R A S W B P W S R P
I S X V R N N I J E G W O N U
Q L S K A P C N A S V O U F C
X X X E X S V T V T K S L V R
X R Y C N O K X I X N R G Z A
H Q E Y X N O V Y I A D R E Z
J A I E V F U I L B I L V A Z
B M G J D X A Y B A B P I F C
H O G U R L V I E C F Y F A H
B D T U A V T Z A O U N U K R
K D Z U E G R C R Q W U J W
L P C W B U S H I N O A O W R
M U S H R O O M U P N C D R M
```

91 TRAVEL

```
Y Z V S P M O U N T A I N Q M D
E S W D U L X N Z S U Y B I R J
J V H M U W C R U I S E X X J Q
A K R K M M K S O U V E N I R W
K Z N O G U I D E N Q P Z P T C
S A D V E N T U R E T O B E R O
F F L I G H T L Z K Y O S J O U
J J D F P P G Q A G R L U B P N
E R O A D T R I P Z X R B R S T
J W G E P H C J A H K T N S S R
I H S G X A Y M B O W E T H A Y
R M G A U W U O Y K E W C N P G
V Q X G W N O I T A C A V B D Z
A M V G U A J H U J R R M K X N
I A M U H Y U K U U S C W T K U
B T U L W B H Z H A J G O N E H
```

92 FAMILY

```
H R P J L O E S R G B A Z C G
S I H Y E B L T E X I P T P R
X T O L P Y Y N W N U V J L E
Z S C S P R Q E N I S U O C H
I N B R U Q J R Z R Q O I R T
U F L E Y V P A R S O Y E C C
H Z N S Q N R P M W O H F D R
A E D A U G H T E R T N C T B
U X D M N O M F I A N E F L A
M U R E T S I S F E F R R D V
J I G T U S C R E P G N U Z E
P Z Y E P F K N K Q V O T S C
Z V D H X Q M T A P D N A R G
W Z Y S F Q S Q N X V I K A G
W M T R C K Q B W U O G Z R D
K M O T H E R S J N A O E O I
```

93 CAPITALS

```
P I J W C T W O C S O M J U Q Y
X B Q T A M I I K Q F B U T L F
A V P Z X S M F I U G G Z C C P
H U A U O Z H A U J O R F X H F
M V W C F O J I D N O D N O L M
C A N B E R R A N R R M O T L G
U A U R M D B E F G I E A U D N
T I B J M K F L O F T D O T B I
A M E M P M X V F D N O S O X J
X R R A M S T E R D A M N G X I
Z O L Q H L D X D V L W R A O E
R M I O W H W D F H D G F H J B
A E N J E C G O Y K O T A N P M
A V K X Z P P Y A W A T T O I U
W T Z N D F C A K S I R A P S B
A H G P H Q J L S H E P U B H L
```

94 DANCE

```
C B K O T Y J G U L I M B O W
Y K G L Y D O R W E T U F V K
H E T T B Y M F F L A M E N C
J T N J J D Q F Z G A B M C T
X J T A N G O G M B R R G U E
O G D A J T T F B V B E N R L
Z T L B Z S C E K Q R A I C L
C P U T R U L R V X Q K W G A
V U L X V G C U T P L D S X B
U A B F U F A J J J L A I B W
W H I P H O P S K N V N W X K
D F O K O C U R L W V C Z L K
T K W T L V V E Y A Z E O N I
V L O B D O F X G K S P Y J D
A B M A S X F S C A C J B G M
G B U I S N M W L D L F R V H
```

95 COLORS

```
L T Q P A D N K N Q N G W J W
K I O T J Z U T K P D Z L P Z
Y X R A K I E Q N J G I D E R
A Z J G O U Y A G M T C D C Y
M D J R L H Z M P R I G M H B
T R L B B K C A L B E F B P B
I O L E T H A L O S A E B S P
A R D W T Q J R A Q I G N O I
Y J O I E E A W O L L U Q W N
B W G V Y N P M E Q L N X W K
W H T G G U D C S H R Z N U U
N I B E R F N G N N V F U O R
R T Z P S I I W O V Z G S Y
P E L P I O O C T Y E L L O W
V E B U W R T R G S I L H B Q
I K Y J B Y A R G M T F U S C
```

96 ASIA

```
A J F J E A N I H C R S W V A C
Q F V S E N I P P I L I H P K H
M A L A Y S I A O E J Z X C N Q
K T Q E Q T K T U Z A B O M A H
C K H V X O J X N D P E I Y F M
O H T A R X W M O P A J A X C M
L S L E I Y Y S S A N Q F N A K
X E A P J L M Y I T R A M N F N
U D Y F M V A L U U L Y T K B A
X A C E Y C O N K M C E N J A T
B L U J I G T P D J D S P U S
M G I Y N P T T X V X D B Q O I
P N J O E R O P A G N I S G N K
N A M K E Z N C L V K L K J P A
W B S V L I X G K Q Z P G A H P
E B M I T V V S I N D I A F S L
```

97 BIRDS

```
L Y Q R H A I A H T M C T Y U
D K J J U O N Z I F S M H B D
A N U K L O E C B W V O W W H
U N J Q E X Y H J L J B X C F
M I A G R E K C E P D O O W I
N I I R R D E U R U G Y Y J S
G P E C Y T H G L H Q E T N K
N G N V L F N D G F K P T I G
O Y L B W O R R A P S E I S R
C M L B R C K B G C P A B D I
L Y U V F C V S F R F C K J V
A Q G O H P B G T O N O W T C
F M A S Q L W O Y W A C A K Y
K H E L W U U S C J N K H I M
O V S N Y N D N A W S U B D I
L I Z M K N I B O R G T M H R
```

98 ROME

```
Q O U X S B B T J P A Q Z P E H
S E F X N S I R S Y B Q H N L B
R Y M P I Z Z A T R O W W O I V
G L A D I A T O R O F J N E C T
E Q A G U P M N L M O C K H P B
Z T K P K D A A K U I T Z T N A
I O A M F C G O I L N S Z N U T
L V G N I K A Q N U D F X A P S
I C E T E H W A W S F G T P U A
O V A R Z S K G S L O B S C W P
Y V X A T I T A L Y M W X G N R
K N M F A U Y A J B C A E S A R
E S B U A U G U S T U S C N Z V
L G Y Z Q M U E S S O L O C T X
X G M X F H D U N R Y B U K M W
A Y W F A P Y W P P L S W M T Y
```

99 COMPUTERS

```
U D S F N J R E H F R F B L R
Q N N J D L D H X C G E F J G
D K F M C K R P Y L Q J M N T
E F M H W S L N R I E Q C N Z
S J U O S I W R O F R R Q E K
U X K A G I C Z M B A W Q E E
O Y B V F P K S E R W H J R Y
M P O I I R Y G M Y D H Y C B
C W R B V T O E X O R Q A S O
A P R I P S Y T V W A Q P R A
J P U T N C K Y I T H D I N R
N M T F J T V S B N S I P K D
S K F O F B E U S D O J K J K
Q O K I P V Y R U R T M U W Z
Z P E R A W T F O S Z L U M D
E T E N R E T N I X Y C W P C
```

100 THEATER

```
W N L A C R O T C A T S L L G J
U L E H V Y W R U E P Q X E C M
R Y L B T E L L A B R V N H G K
N X Y N A R T S E H C R O I S P
D X V Y Q J S N Y Y Z G M C K X
E G A T S K C A B K L F N X I X
O I A Z A M Y E Q V A H M G I S
Y R R Z H W Z R H I C H O D L R
V S D G A L P M J L I S X H I O
L L B M S H P A A Z S V G L D T
T J A U D I T I O N U W O C C C
O R N V E G A T S P M H A Y O E
D W P B O N R H I Y E P C F M R
D T V C P P Y M M Z S M Y W E I
J V N S C R I P T X Z M W F D D
W D R D U P S C E N E X H P Y V
```

Made in the USA
Las Vegas, NV
19 October 2024

10068648R10066